《隨波勵行》紙本書之錯、漏、勘誤內容：

P.9 倒數第四行...「站」應為「佔」一席之地...

p.15 第六行，「陳毅」將軍，應為「陳儀」將軍。

p.25 左三左四右二照片說明，應改為「巡迴」教官

P.35 第一行，1967 年之前多了 ")"。

p.35 倒數第三行，方「治」平校長應改為方「志」平校長

P.71 倒數第五行...應「要」請，改為應「邀」請

p.99 第八行，「暈」睡改為「昏」睡

p.99 倒數第五行，「暈」睡改為「昏」睡

P.111 第二行...「敦南星鑽)」，多了個 ")"。

P.115 照片說明漏了「敦南星鑽」。

P.118 右上照片之說明，重複了「姐妹」二字。

P.119 右中照說明，廖...前多了個"月"字。

P.120 左上角照片說明...閣「乖」文，改為「秉」文...

p.140 倒數第十行末，漏了「仁」字，應為「仁者愛人......」。

p.143 第六行中間多了一個「為」字。

p.165 第三行後段「沙市」改「長沙市」。

P.167,1945 年，最後一行「5000 萬」，改為「6000 億」。

P.168 第一行，...蔣介石派陳「毅」將軍，應為陳「儀」將軍。

p.168 倒數第十一行中，...者多 之後漏了「，不」能有所發揮。

P183 第十行末，1200「萬」應為 1200「億」。

*電子書已更正

隨波勵行

「命」是老天定的！
「運」是可以變的！
生命的每一個轉折都是一個新的奇蹟

我們本就處在一個隨時都有變化的世界，
人生就是一個不斷透過學習、靜思和努力
的成長過程。
孔子說：「學而不思則罔，思而不學則
殆。」
意思是「只學習而不思考會迷惑而無所
得，只思考而不學習則會疲乏亦無所
得。」也就是我們應一邊學習、一邊想、
一邊運用。

本書錯漏字勘誤內容：

1. P140：倒數第十行末漏了「仁」字
   應為「**仁**」者愛人，…。
2. P168：倒數第十一行中漏了「不」字
   應為…者中「**不**」能有所發揮。
3. P183：第十行末，應為…逾1,200「**億**」美元
   誤植為1200「萬」美元。

目錄

顏 序 / 7
前 言 / 9

第一章　童年與成長

烽火中誕生 / 13
父親和母親 / 13
抗戰到勝利 / 15
南京到台灣 / 15
大溪到台北 / 16
那時的台北 / 17
育英中學 / 18
農專生活 / 22
情定屏東 / 23
青年代表與預官 / 24

第二章　創業受挫

短暫的養雞事業 / 28
檢討和自覺 / 29
昭華的新工作 / 30

第三章　教書生涯

奎山中學 / 33
大華中學 / 35
補習班 / 38

第四章　商場篤行

嬰兒用品 / 41
建築事業 / 42
福德坑垃圾掩埋場 / 46
稅務困擾 / 49
巨橋雜誌 / 53

第五章　移民加拿大

移民機緣 / 58
定居溫哥華 / 61
獨留台北 / 62
楓梅聯誼會 / 67
溫哥華台灣商會 / 69
北美洲台灣商會聯合會 / 71
天天火鍋 / 76

第六章　六十知天命

逸仙香榭 / 86
晴天霹靂 / 87
化療 / 88
親情 友情 / 90
艾瑞莎 / 91
天賜福緣 / 94
病情惡化 / 95
傷別離 / 97
憶往 / 100
凝思未來 / 101

第七章　再生緣

孤獨 / 104
緣起 / 105
探病 / 106
門諾醫院 / 107
國泰醫院 / 108
天主的安排 / 109
母喪 / 110
胃出血 / 111
緣定 / 112
天主的恩典 / 113
退休 / 114
旅遊 / 119
回溫哥華定居 / 122
感恩 / 125

第八章　信仰與愛

信仰 / 131
天主的恩澤 / 132
天主教 / 134
愛人如己 / 139
朝聖 / 141
分享與溝通 / 149

第九章　仁愛堂的都更 / 153

第十章　時代背景摘要

1840 年 ~1860 年 / 163
1860 年 ~1910 年 / 164
中華民國成立 / 166
中華民國退居台灣 / 169

第十一章 憶先輩德政

土地改革 / 185
台北的道路 / 187
台塑企業 / 189
台積電 / 191
全民健保 / 192

**第十二章 新冠肺炎
COVID-19 的影響**

嚴肅的防疫 / 195
美國的忽視 / 197
影響了經濟 / 198

寫的分享 / 200

編後語 / 202

顏　序

　　當祕書將本書書稿放在桌上，告知我為其寫序文時，我一見書名《隨波勵行》，「老姚」立即躍入了我的腦海裡，真是書如其人、人如其書。今舉世混濁，不同流合污者幾許，老姚做到了。他不與世浮沉，反能隨環境、潮流立定方向，奮勉努力、認真執行，甚至鼓勵伙伴同行。和他交往逾半世紀，一直稱他「老姚」，在我心中還找不出任何比老姚更親切的稱呼，我還是繼續稱他老姚吧！

　　本書前言是老姚不卑不亢的告白。我和他第一次合組公司時就發現了他的誠信，五十多年來從未改變；我們曾組過三個公司，合作過數個工程和建案，和老姚工作是件愉快的事，因為他事前用心擬定計畫，行事中嚴格執行和追蹤，且對合夥人透明公開，結果均如預期圓滿。我們合作的建案從未與客戶發生衝突，我們也都住在自己投資興建的大樓中，與客戶都成了鄰居和朋友，這當然是靠誠信和善意融合了他們。

　　老姚和我前後曾鄰居二十餘年，這期間，常在公餘及週末相約至國父紀念館或忠孝東路地下街散步，也喝遍附近的咖啡館。我們無話不談，既論公事，也聊私事，充分分享了彼此的內心世界。他重視情、理、法，但又常說：只要無傷，還是要考慮人之常情、得理饒人、法外開恩。這看似矛盾，實為善心。

　　用「波」來隱喻人生，還滿貼切，人如波，各有不同的波長、速度和頻率，也就造成了不同的人生，人生自然會有如波浪般高低不同的波峯和波谷，我亦曾落入過深谷，正四顧無人時，老姚踩著滑板而至，我們很快衝出了波谷，自此又加深了一層患難的真情。

　　看完老姚的《隨波勵行》，彷彿我也走了趟時光隧道，一件件、一幕幕往事重現腦際。老姚當年開養雞場、騎機車送雞的時

代，我也正騎著機車全省推銷水泥。回想商場滾滾，看盡多少英雄起高樓、宴賓客，又有多少豪傑迷失於自己的帝國，而後樓塌歸靜。老姚在書中一再勉勵後進務必正派做人、踏實做事，其用心可謂良苦。天下沒有不勞而獲，更沒有「理所當然」，人生必經一番寒徹骨，始得梅花撲鼻香。

老姚走過的路不能謂少、經歷的人事和變化也較一般人多，無論他身在何處，對事總是積極認真的盡心盡力，對人也是不驕不躁的熱情忠信。若無這條件，就不可能有他書中所寫的那麼多故事。我特別喜歡每章末尾的「感觸與認知」，那裡面隱藏了許多人生哲理和提醒，值得慢讀與深思。每看到這部分，我都會不自覺的放慢速度，有所共鳴。

本書第十章「時代背景摘要」很有意義，幾乎是有關台灣近代史的「懶人包」，能讓讀者快速的概略了解台灣近一百八十年間所發生的事，還加上老姚對某些事情的看法，對忙碌的現代人及年輕人極有幫助。

本以為老姚退休後，必無羈絆，會如閒雲野鶴悠遊四海，未料他仍傾力做天主的義工，費心於仁愛天主堂的都更改建工作。這可不是件簡單的事，必須要有清晰的思路、豐富的經驗、對法規的了解和統合的能力，老姚當然合適，他也認真的堅持了十二年，看了本書第九章後，著實令人欽佩。我曾問他是什麼力量讓他堅持到現在，他說：這是天主給他的使命，他珍惜這「報恩」的工作。老姚以「勵行」表達了他信仰天主的虔誠和感恩！

有別於社會名流或達官貴人的回憶錄，這本文字上平實無華的《隨波勵行》內涵豐富而具啟發性，好友寫的好書，故樂於為序！

顏文隆 2021.01.14 於台北

（中國信託金控公司　董事長）

前　言

　　人生各有際遇，有人一生只從事一個行業，有人卻跨界數個領域，其間沒有孰高孰低或對錯的問題，因為那是命運，只要盡心盡力，就是敬業。人生常遇「十字路」，它却沒有紅綠燈，選不同的路必有不同的結果。

　　人有「命」和「運」，「命」是先天定的，改不了，但「運」有起有落，是老天爺在聽你言、觀你行後再給的，尤其重視你是否「知感恩、守誠信、有善心」。而思維和言行是我們自己可以掌握的，故「運」可經反思、明辨、修身而改變。如果一個人從不反思、明辨、修身，那這個人就只有「命」而沒有「運」了。我相信人人都有「運」，且可用「智慧」去開「運」而創造自己的人生。

　　醞釀將自己的經歷和心得分享給有緣人，已有一段時間了。多年來一直猶豫未決的原因，是因現代網路資訊豐富，無論是歷史、人文、科技、醫療、心靈等均容易取得，應無需我再費心耗時、添文加字了。

　　後來想想，我雖平凡，但我亦有多樣變換的經歷和人生，我曾經從事數種職業和工作，承擔過各種不同的責任，感受頗深，這凝聚並淬鍊了我的思想與心得。我雖已退休，老天既讓我保有極佳的智能和時間，似不應藏私，還是寫下我的經驗和領悟，分享給有緣人吧！

　　一個平凡人，想要在社會上站一席之地，那就必需誠懇做人、踏實做事、認真學習、樂於服務、甘被利用。當別人發現你的這些優點，你的機運自然隨之而來；同樣地，這些原則也是你繼續成長和向上發展不能或缺的基石。世上凡人多，我亦凡人也。

　　我在重慶出生，八歲時被時代的巨浪送到台灣。台灣孕育我成長，雖然四十歲移民加拿大，卻繼續在台、加兩地，與「台民」共同生活。台灣當然是我的「家」，在思緒和感情上的聯繫是牢不可破的。

　　不同人生，當然會有不同的感受。從前在教堂聽神父或牧師講話，常有不知所云之感，覺得都不是我想聽的。及長，尤其受洗後，才發覺神父講話之不易，聽講者的年齡、知識、職業、經歷、需求、情緒皆不相同，神父要對這樣一群云云眾生講道、教化是多麼困難的一件事。也許因這種易位思考，後來再聽神父講道時，我就體會到有些話是講給那些有需要的人聽的，聆聽中，偶會聽到一些道理或金句和自己有關，我銘記在心，彌撒後再反思，久之，獲益良多。

　　本書內容按個人之成長與事業發展時序陳述，然因跨越時間太長，今日之事又常緣於往事，尤與時代背景變遷有關。台灣百餘年的變化與發展，確實塑造了我的一生，為方便讀者快速回憶與台灣相關的一百八十年歷史，特將影響我的歷史事件編寫成我的「時代背景摘要」，列為本書的第十章，讀者可前後參閱。

　　在書寫的過程中，常會有已事過境遷，而忽湧現的「感觸」與「認知」，卻不能及時寫入正在敘述的那段文字內，故特別以【感觸與認知】條列在該章末尾，分享讀者。事實上，這些感觸與認知，也正是我思想上的果實和為人、處世的原則。

　　我在受洗時，曾許願做天主的義工。當仁愛天主堂要參加都更改建時，我知道是要我做義工的時候了，因為可以用上我的專業、經驗和人脈，沒想到這一投入，至今已逾 12 年。本書第九章「仁愛堂與都更」就是這 12 年的記實和摘要，已避掉了枯澀的專業，只寫過程中的起伏、轉折和感受，讀後也可增加讀者對都更及教會的相關認識。

本書雖屬回憶錄，但並非我人生的全部，為尊重「個人隱私」及避免「節外生枝」，故未涉及親友相關事宜。我非舞文弄墨之人，除一般文書或報告，未從事過寫作。此次出書，非為謀利，純為分享個人經驗與心得，文辭之優美非本書之重點，願讀者能感受到我的初衷並有所獲，足矣！

感謝好友顏文隆兄為本書寫序，也感謝好友賴正滙兄為書名題字，更要感謝鼓勵和幫助我出書的親友！

姚 鈦 2021.01.11. 於溫哥華

第一章
童年與成長

烽火中誕生

1941年，抗日戰爭期間，父親為了家人安全，在重慶郊外找到一個僻靜的小鎮—銅梁，安置懷著我的母親和大我兩歲的哥哥。就在日軍持續轟炸中，我出生在烽火連天，戰亂中的重慶。同年12月，日本偷襲美國珍珠港，美國被捲入了戰爭，英、美、中成了盟國，第二次世界大戰全面展開。

我是在夜半出生的，身邊沒有醫生和助產士，父親找到軍隊裡的獸醫來幫忙。就在家裡，父親親自把我接生出來。我剛出生時，沒有呼吸，在父母一陣拍打、刺激和人工呼吸後，我才吸入第一口氣，有了生命氣息，顯然我的出生有些波折。

父親和母親

父親祖籍江蘇鎮江，在他讀教育學院時，日本已全面侵略中國並且佔領了東北三省，國難當前，父親即投筆從戎，進入中央軍官學校的通信兵科。

少年時，常不解父親，為何選擇通訊做為他一生工作的方向和目標？長大後，才明白父親的睿智和遠見。他喜好科學，早已洞察到未來的世界是一個科技的通訊時代。人類的生活脫離不了通訊，通訊能力的強弱更決定了戰場上的勝負，所以他選擇了通訊。從中央軍校畢業後，父親除任職蔣（介石）委員長南昌行營廣播電臺及江西省廣播電臺外，並擔任空軍通校教官。

父親28歲時任空軍通校教官

母親 20 歲時任江西省廣播電台播音員（1935 年）

1943 年兩歲時與
兄攝於成都

母親祖籍桂林，幼居江西南昌，家境富裕，從小就在教會學校就讀。初、高中均畢業於南昌市基督教葆靈女子中學，除品學兼優外，也熱愛運動，曾擔任江西省女子排球隊隊長，參加過在上海舉辦的第一屆全國運動大會。高中畢業，考入江西省廣播電臺，擔任該台第一任播音員。她在這裡遇到了我父親，由相識、相戀結成夫妻。

我出生後的第二年，舉家搬到了成都旁的簡陽縣，母親就在崇光女中教書。因為崇光女中附有托兒所及幼稚班，所以我幼兒時期是跟著母親一起「上學」，校園和母親的辦公室就成了我的遊樂場，母親的同事都變成我的阿姨，母親的學生成了帶著我玩的玩伴。這可能就是我成長後，不怕生和不畏懼上臺講話的潛在原因吧！

抗戰到勝利

1945 年 8 月 15 日，第二次世界大戰終於結束了，日本無條件投降，終結八年抗日戰爭。舉國歡騰，是日晚上，成都舉辦勝利大遊行。媽媽牽著哥哥，我則騎在爸爸的肩膀上，歡喜快樂地進城看熱鬧。城裡人山人海、載歌載舞、鑼鼓喧天、人潮洶湧，我和爸爸都被擠倒了，那歡慶的場面，至今仍留在腦海。

同年 10 月 25 日，蔣介石派陳毅將軍來臺北市中山堂接受在臺日軍投降。臺灣在被日本統治後 50 年，終於重回中華民國的版圖。當時有數以萬計的日籍人士因工作或姻親的原因續留臺灣，未能撤回日本，因迫於現實，只好將日本姓名改為漢人姓名，因此埋下了日後許多臺籍人士親日的因子。

1947 年與父母
兄弟攝於南京

南京到臺灣

1946 年，政府遷都回到南京。父親帶著我們先回江蘇泰州，探望和陪伴我的祖父母，但很不幸的，7 月時祖母便病逝了。翌年，因父親工作的關係，我們舉家搬到南京，我就讀南京逸仙橋國民小學。此時，國、共內戰已經爆發，社會陷入不安，大人談論的都是戰事，戰爭的慘烈絕不亞於抗日戰爭，聽到的戰情都是國軍「失守」，後來共軍過了長江並逼向南京。

1947 年，臺灣因臺胞與國軍、省府間之認知差距和誤解，產生嚴重衝突，發生了不幸的 228 流血事件，造成了日後的省籍情結。

在南京讀小學二年級

1948 年，蔣介石下令將國民政府的黨、政、軍、優秀人才、政府單位，以及國庫中 450 萬兩黃金和等值的白銀，連同故宮的大批國寶文物搬遷至臺灣。這也就是後來臺灣在軍事、金融、經濟、基建、文化、教育等各方面能快速重建、復興及順利發展的根本原因。當時，撤退至臺、澎、金、馬的軍民人數約有 200 萬人。

於兵荒馬亂之際，父親受命負責將空軍通信隊數百名官兵、眷屬及全部器材撤遷至臺灣。我家亦搬離南京到上海待船，待船期間，父親又趕回泰州，將祖父接出來與我們同行。1948 年 12 月 31 日，平安抵達臺灣基隆港。

1949 年，中共已控制了整個大陸，毛澤東於 10 月 1 日在北京宣布「中華人民共和國」正式成立，原先還曾簡稱為「中華民國」，後擔心與蔣介石領導的「中華民國」混淆，因而取消了簡稱。反之，蔣介石領導的「中華民國」卻迫於局勢困守臺、澎、金、馬。後來，就漸漸把臺、澎、金、馬當做國家來長期建設和發展。

1949 年全家遷居桃園大溪鎮

大溪到臺北

1949 年，因蔣介石的行館初設於桃園縣大溪鎮，所以空軍通信隊便駐紮於大溪。我們家當然也就在大溪住下了，我也進入大溪國小三年級就讀。同年四月，祖父病逝。

二戰結束後，臺灣回歸中華民國才三年，全省仍一片荒涼，百廢待舉，大溪更是鄉村原貌、黃牛拉車、水牛犁田，除小小的鎮區

和公園外，放眼看去，盡是溪流和農田，在一片翠綠中，除了勤耕的農夫，還有戲水和抓泥鰍的小孩。

當時在校同學全穿卡其布制服、赤著腳，冬天亦然。午餐便當盒裡最常見的菜是小魚、青菜、豆乾和蘿蔔乾。一般人民是刻苦勤勞、熱情友善，但鄉村的基礎建設和經濟生活是匱乏和貧困的。每年農曆二月的神豬大拜拜及六月關公聖誕極為熱鬧，很多商家都開「流水席」，邀請親友同慶。

臺灣光復不久，全民還在學習中文和國語的階段，在小學除了嬉戲玩樂，實際上，學不到什麼學問，倒是留下了難忘的鄉居童年生活並學會了臺語。直到 1952 年小學畢業，因父親調職空軍總部，我們舉家搬到臺北市空軍總部後面的眷村－「正義新村」。眷村空間多狹小而設備簡陋，但村民有著共同的愛國情懷，居民間都能互相幫助；因居民均來自大陸不同省份，故鄉音雜，各家有各家的家鄉菜，成了現今俗稱的眷村菜。

那時的臺北

從大溪到臺北市後，算是開了眼界，知道什麼叫城市。其實，當時的臺北市真的不大，市中心由東門、南門、西門、北門合圍而成，市民居住和活動的範圍，東以新生南、北路的瑠公圳為界，南臨新店溪，西畔淡水河，北靠陽明山和基隆河。市區內尚有多條石子路和水稻田。路上偶而有汽車、公車行駛，兩側黃包車、三輪車、腳踏車與行人爭道。最熱鬧的商圈應屬西門町、衡陽路、延平北路、東門及小南門了。

南、北韓戰爭在 1950 年爆發後，因美國欲以臺灣箝制中共，宣

布其海軍第七艦隊協防原已放棄的臺灣。所以，中山北路三段駐有美軍顧問團，路上常見洋人（含黑人），美軍眷屬則聚居於士林的天母，那裡是特區，裡面全是有小院子的二樓洋房，現在早已改建為高級住宅大廈了。

當時，我就讀臺北市立初級中學（現在成淵國中的前身），校舍正開始興建，操場有一半還是水塘。教室與工地為鄰，原本占操場一半的水溏還是學生利用體育、美勞、音樂等課以勞動服務之名填平的。三年下來，我們不可能真的學到什麼，當然學生也非英才，多屬懵懂無知的少年。

1954 年初，南、北韓戰結束，美軍所俘共軍中有 14,000 人，因反共願意轉來臺灣，政府特派船艦至韓國接回，1 月 23 日抵達基隆，被稱為反共義士，並訂 1 月 23 日為「自由日」。爾後這批「反共義士」在社會上自謀發展，漸漸淡去，也無人再紀念「自由日」了。

育英中學

1956 年，父母得知原北平基督教辦的名校育英中學已在臺復校一年，於是特地去拜訪老校長李如松先生，校長被我爸媽說服，居然同意九月開學就可以送我和我哥哥一起入學。當時我雖年少懵懂，但家裡的經濟狀況是知道的，一家八口（我有兄弟妹六人）靠父親的薪餉維持已非常拮据，不知他們何來的勇氣讓我們兄弟二人去讀昂貴的私立學校，而且還選擇住校（其實通勤亦可，但以當時的交通狀況，每天得花三個小時在來回的路上）。

暑假九月不到，媽媽就忙碌的為我們準備好了寢具、日用品、吃的穿的一應俱全。九月一日，老爸僱了一部車，把我們送上了山，

住進了育英中學的宿舍。安頓好一切，殷殷叮嚀，還給了零用錢，爸爸告別時說道：「今後父母不在你們身邊，一切都要靠你們自己了！」望著父親離去的背影，瞬間我知道我長大了！

育英中學高一

復校後的育英中學，位於北投陽明山的南側山腰（奇岩路50號）。校舍是依山的梯田式建築，可以遠眺淡水河在臺北盆地蜿蜒流過，俯覽稻田阡陌縱橫，早晚各有觀音山的晨光和落日為伴；學校的教室、宿舍、操場、餐廳和福利社，都建在翠綠山林和潺潺溪水之間。學生在這樣的環境裡讀書真是一種享受。生活方面，學校也安排得很好，早起、三餐、晚睡定時，早有早習、晚有晚習，均有老師輔導。尤其晨間，處處可見穿了制服的學生散佈在山路、林間、樹下及溪邊早讀。

育英中學操場

也許感受到父母對我們的殷切期盼，也許受到育英中學環境的影響，我懂事了、開竅了、想讀書了！首先吸引我的是幾何，覺得它有趣又具推理性，在課堂上，老師的提問往往都是我答得最快、最正確，測驗和考試也常拿最高分，於是老師常叫我去辦公室，幫他改臨時考考卷和登記分數。開學後兩個多月，有一天，幫幾何老師改完臨時考考卷後，他叫住我問道：「我聽別的老師說你其他科目都不太好，是真的嗎？」我誠實回答：「是真的，因我從沒有好好讀書，基礎太差。」他續道：「我知道幾何好的人一定聰明、邏輯性強。替老師爭口氣，別只攻幾何，其他科目也去努力一下，保證你會進步，不然我在辦公室都沒面子！」我低頭說：「好！」出了辦公室，我真是羞愧極了。這幾分鐘的談話，改變了我的一生，至今難忘！因為從那天起，我科科都真的開始下功夫，除了上課認真聽講，早晚自習也絕不浪費時

間，該寫的寫、該做的做、該背的背。學期結束，成績單上已沒有七十分以下的科目了。對幾何老師－季于天，我終生難忘。

當初育英中學的老師均聘自建中、北一女、師大和臺大，個個優秀殷勤教學。六十多年了，我還記得，除季于天老師外，還有教三角的汪煥庭、生物的馬元乾、地理的王洪文、歷史的戴玄之、英文的沈婉貞、代數的劉季植、化學的張宗庭及駐校輔導的張惠南和杜耀等老師。每位老師都能深入淺出、系統化的教授其專業課程。自高一下起，我的成績在班上已名列前茅，深得老師們的喜愛。連體育老師都邀我加入體操隊，我愛上了單、雙槓，練就了一身好功夫。

育英中學是男女合校分班上課，但因住校生活常打成一片，譬如伙食便是由學生組成伙食委員會共管，三餐都在同一餐廳進食。住校生在假日及週末是可以回家的，但有些家住在中南部，或想利用週末多讀點書的同學，他們週末會留在學校，學校仍提供伙食。這時，同學活動和讀書的地

育英中學校園外的巨石

育英中學畢業

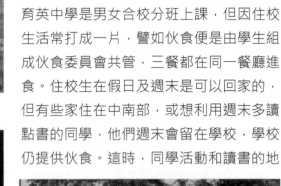

育英中學畢業前與同學合影

時任育英中學體操隊隊長

畢業後數年與校友返校探望校長李如松

方就會擴散至校區外，如奇岩路上新建「陳濟堂墓園」內的涼亭及圖書館，如「中和禪寺」的小徑和巨石上，均可見到育英同學的身影。

自從住校後，我就自立了，學會了自我管理，學會了交友互助，體會到友情的可貴，能明辨是非、了解人際關係和處世之道。

1957 年全家八口
攝於台北市

育英中學的這三年是我成長中最重要的三年，不但奠穩了學識和健康的基礎，同時也塑立了我人格發展的正確方向。

讀高二那年，即 1958 年，金門爆發 823 砲戰。當天，中共對金門島突然開火，數小時內落下近 4 萬發砲彈。砲戰開打後，戰況激烈。國際輿論擔心區域衝突升級，反對中華民國堅守金、馬等福建外島。據中共元老喬石的回憶錄記載，蔣中正曾秘密派人傳話給北京，如果解放軍持續砲擊，美國將趁勢要求國軍從外島撤軍，如此則必會造成中國永久分裂，所以毛澤東決定暫時停火。

農專的農機課

農專的實驗室

自 10 月 5 日起，共軍開始對金門「單打雙不打」，而後逐漸減少，並改為紙彈（宣傳單），直至 1979 年 1 月 1 日中共和美國建交而結束。

農專生活

高中畢業，參加首屆臺灣地區大專分組聯考，當時的公立大專不多，僅臺大、政大、師大、臺中農學院、臺南工學院、臺北工專、屏東農專（現已改為屏東農業科技大學）等。一般家庭多以經濟考量要子女先填公立（因私立的太貴），學生必須在甲、乙、丙三組中選一組。父母的期望是當醫生，就屬於丙組，丙組要考生物，考丙組的人未來走向，端看考試結果，考得好當醫生，考不好當農夫。偏偏考試那天失常，上了屏東農專的榜（那時大專聯考的錄取率約為 25% 左右，當屆育英畢業生約 120 人，只有三人上榜）。後來幾經掙扎，安排重考，但皆失敗，最後，還是乖乖就讀屏東農專。過了多年才知，這一切都是天定的，原來屏東農專是天主為我安排的「姻緣地」。

三年農專所修的學分絕不少於農學院所修學分，因為部分教授係由臺大教授兼任，所以我們常要在週末上課。學校的目標是要培育出獨立的現代農夫，我們要學的科目除基本的國、英、數、物理、化學、生物外，還有動、植物生理和病理、畜牧學、農藝作物、園藝作物、土壤學、肥料學、氣象學、統計學、遺傳學、農產加工、農業機械和法學緒論等。

農專課業雖重,但我仍然參與許多社團活動,如農村社教宣導團及救國團的一些活動。當時救國團常利用寒暑假舉辦各種活動,其中最受年輕人歡迎的有:金馬戰鬥力營、歲寒三友、花東及中橫公路健行隊等(中橫公路起自花蓮終達臺中,是在 1958~1960 年由蔣經國調動數萬國軍官兵完成的,那時,青年救國團的主任就是蔣經國)。

情定屏東

徐昭華是低我一屆的學妹,她讀的是畜牧獸醫。第一次見到她是某日中午,在農專餐廳排隊時,她剛好排在我前面,突然眼前一亮,一個清純的女孩,深深吸引著我,讓我留下了深刻印象。後來,我們有機會一起參加農村衛生環境宣導活動、主辦屏東地區青年節大會(我倆分別擔任司儀及青年代表致詞)等校內外社團活動。

農專時的昭華

▲ 昭華在農專牧場
◀ 昭華在農專實驗室

23

1962 年屏東青年節大會致詞

1962 年與昭華攝於野柳

昭華高一時與全家
攝於臺中家中

1962 年蔣經國接見
全國優秀青年代表
（我在第二排左一）

很快，我們由認識、交往、相戀，變成
「校對」之一。我們踏遍了學校附近的
田埂、甘蔗園和村間小路，常利用週末
騎腳踏車同去屏東逛夜市、吃小吃、看
電影，這是我們當時最豪華的享受。

1962 年暑假，我在臺中成功嶺基地接受
大專預官生的入伍訓練，受訓期間雖然
嚴格辛苦，但我內心確是喜悅的，我期
盼每個週末的到來，因昭華家住臺中（她
父親原是臺中火柴廠廠長），我們愉快
同度了每個週末。十週預官軍訓的這段
日子，成了我一生難忘的回憶。

青年代表與預官

1963 年，學校推薦我為當年度全國優秀
青年代表，於青年節（3 月 29 日）在臺
北接受蔣經國先生召見及勉勵。同年，
農專畢業，接著七月中旬就開始為期一
年的預官役。

預官成功嶺軍訓之一

預官成功嶺軍訓之二

預官成功嶺軍訓之三

巡迴教官之一

巡迴教官之二

巡迴教官之三

預官退伍前

我是第 12 期預官，被分配到憲兵，但在派到金門一個多月後，就被調回國防部，接受一個月的教官訓練。同期受訓的共有 40 人，訓畢後即以四人一組，派往全國各軍種、部隊和學校巡迴演講，我們演講的主題著重在政策宣導、時事分析及國際局勢等。所有巡迴教官均由國防部慎選，許多同袍退伍後，在社會上常有特殊表現（如和我同期的雷渝齊、盧修一等）。這一年預官和巡迴教官的磨練及體驗，根植了我日後對社會、政治及時事的敏感和認知。

【感觸與認知】

一、心理學家說：「人在幼兒期所處的環境和所得到的愛或刺激，是造成他一生性向的決定因素。」這個事實常被為父、為母者忽視而不自知。

二、在學習和成長的過程中，有沒有遇到好老師，影響一個人的前途至鉅。同樣的，當老師的人也應經常提醒自己，要做一個好老師，因為你正在影響學生的未來。

三、貴人不一定是有權或有錢的人，但他一定是導引你向上及向善的人，也許是父母、也許是老師、更可能是你身邊的親友，甚至是陌生人。你要慧眼識得你的貴人，更要「消化和吸收」貴人給你的「養分」。不要抱怨自己碰不到貴人，只怕貴人就在你身邊，而你從未察覺或不願「他」是你的貴人。

四．人是群聚的，「同流」不可避免，「合污」則可不必。同樣，海海人生，「隨波」是必然，「逐流」是自棄，「勵行」才能提升自我，造福人群。

第二章
創業受挫

1964 年 7 月，我從預官退伍，也正是昭華畢業之時，兩人都面臨就業的抉擇。昭華先在台中找到中學教職，我在台北正為前途猶豫。昭華為了鼓勵我、陪伴我，在學校開學前，她辭去了台中的教職，到台北與我共商未來。

短暫的養雞事業

正思考如何踏出人生第一步時，六叔剛好來台北，他是台中中興大學農學院的副教授。一年前我在台中成功嶺受訓時，六叔就認識了昭華。當時政府正鼓勵發展養殖事業，那時的養殖業就和現在的新科技業一樣蓬勃，因此他強烈建議我和昭華開設農場養雞，我父母也贊成，昭華居然也同意了。於是由六叔和我們家共同出資，我和昭華真的就去北投復興崗山麓買了塊不到千坪土地，著手蓋雞舍、買設備。

雞場開始營運後，昭華主內，負責孵小雞、飼養、處理雞糞等；我則對外，負責採購、推銷、外送等。為了周轉快，我們飼養的是肉雞，供應台北好幾家餐廳，同時為了打開市場，我聯合了鄰近的養雞場共同運銷，每天騎機車奔波在北投和台北之間。但是好景不常，不到一年，可怕的「流行性雞瘟」突然在北投地區爆發，雞瘟迅

雞場的農舍後來變成我們婚後的新居

速蔓延開來。找來專家、獸醫急救無效，看著我們的雞一隻隻歪頭、垂頭、倒下，養雞場瞬間變成雞的墳場，我和昭華欲哭無淚，愁坐雞場。

檢討和自覺

養雞場失敗後，挫折感很重，自責亦深。當初雖是長輩的建議和鼓勵，但我輕忽了對自我的了解及未做創業應有的評估，才是失敗的主因。

養雞場停業後，昭華的恩師余如桐博士在得知我們的狀況後，引介她進了農復會工作。而我，剛好有位在仁愛國中教書的同學要出國，請我去代她的課，這樣正轉移了我們創業失敗的感傷，開啓了我後來八年的教書生涯。

雖然在養雞場停業的六年後，雞場土地以原價的數倍賣出，還清了當初的全部投資。但在事後的幾年裡，我常為這次創業失敗反省檢討，得到些心得，這對我後來的行事極有幫助。

一個大學生在畢業踏入職場前，首應思考自己的「屬性」，例如適合朝九晚五的規律生活或作息不定時的自由創業、喜歡人少而單純或人多的挑戰、好靜或好動、主動和被動等，因為這些屬性決定了你職業的走向。其次是考慮你的興趣和專業在職場上的價值和前途，如能找到興趣、專業和職業「三合」的工作，當然是最滿意的事了，只要認真，將來一定會有很好的發展。

然一般人常不確定自己的「興趣」是什麼，所學的專業也未必真「專」。在職場上的需求亦不大的情況下，只能依自己的能力，

暫謀一份工作為生；但這也並非壞事，因為你有機會認識社會百態、職場供需和學習公司運作，如此必能幫助你選擇未來的工作及人生方向。

其實職場包羅萬象、千變萬化、業中有業、行中有行，每行每業都有「士、農、工、商、科技和創新等」。不要認定學農的就一定要種田或養牛、學文的就一定要是作家或文學家、學商的就一定做生意或開銀行。學農、學文、學商都可當公務員（做官），農有農耕、農產加工及農商，文有作家、記者及出版商，商人也開工廠、農場甚至醫院。所以年輕人不要被所學的「專業」困住，只要利用所學，依著自己的「屬性」一定可以找到合適的領域和發展的方向。總之，就是不要急、不能躁，因急躁會失謀、必敗。

經過反思，我也找到我的屬性和方向。我應是具有樂觀、合群、積極和正直的性格，種田、養雞顯然不合適；從事教育工作，我反倒有興趣，因為我長於思考和規劃、組織和統合。確實這些人格特質，在我後來的發展中，也都得到了驗證。

昭華的新工作

昭華進入農復會，正合了她朝九晚五的規律作息和服從認真的「屬性」。她從基層職員做起，努力工作，深得長官的賞識，後來擔任畜牧組組長李崇道博士及余如桐博士的助理和祕書，直到1979年，農復會停業。農復會的全名是「中國農村復興委員會」，原係聯合國國際糧農組織援助中國農村的一個單位，其人事、技術、經費等全由聯合國提供。後來因我國退出聯合國而終止，並改為農委會，隸屬行政院。

昭華在農復會工作時，有一項控管品質的方法頗具價值：就是她每月必須出差一、二天，至全省各地農會取回或在商店購買各不同廠牌的家畜、家禽飼料，回到辦公室拆去包裝及品牌，再分裝在許多小塑膠袋中，編號、登記後，交由她的主管函送各政府或大學之檢驗所及實驗室做化驗分析。當檢驗報告回收後，她再把編號還原為原品牌，製表交給組長李崇道博士。就這樣，他們管控和保障了全國飼料的品質。這是一個好方法，今日仍然可運用在其他如食品及環保等之管理及品質控制。

【感觸與認知】

一、第一次的創業，常衝力有餘，考慮不周，尤欠風險管理。

二、創業最好要有合夥人，有人商量，可互補、互助（如有錢出錢，有力出力），風險下降，成功率高。

三、創業資金應以不影響正常生活為原則，尤忌借貸，一旦失敗將陷自己與家人的生活於絕境，影響聲譽，再起不易。

四、如為生產事業，且資金足，購地時盡可能大些，以便擴充，且有利於貸款。時間愈久，它給你意外的回報也愈大。

第三章

教書生涯

正興建中的奎山中學

奎山中學

1965 上半年，我在台北仁愛中學代課，下半年即應聘至奎山中學任教。奎山中學位於台北市士林區明德路 200 號，是一所包含幼稚園、小學至中學的小班制綜合性實驗學校，學校創辦人熊慧英教授（王昇將軍之夫人）兼任校長。我到職時係創校第二年，創校的過程真是篳路藍縷、歷盡艱難。當時士林、北投地區大部分仍屬農地，偏屬鄉鎮，所以學生人數不多，卻分佈在各年級上課。

到任後不久因當時教務主任突然辭職，校長任命我接任學校教務的工作，基於王昇將軍是我當巡迴教官時的長官，我接下了教務主任一職，那時我可能是台北市最年輕的教務主任。我盡心盡力付出，管控校務、安排各年級課程、家長會談以及和老師們開會。校務、教務尚能獲得校長、老師、家長及學生的認同與支持。

既然昭華和我都有了正常的工作，經濟收入穩定後，我倆決定於1966 年 1 月，在台北市天主教聖家堂由艾神父證婚，完成了終身

▲ 1966 年 1 月在聖家堂結婚
▶ 結婚時表兄 (徐政) 與堂妹 (姚鎂)
任伴郎伴娘

1970 年昭華、冠宇 於台北市兒童樂園

▲ 冠宇一歲半

◀ 1970 年攝於台北市

大事。)1967 年 2 月，長子冠宇誕生。長女冠如是在 1971 年 10 月誕生。

至 1967 年 7 月，我在奎山中學已工作了兩年，這兩年中，除了豐富了教學經驗，也累積了自己在籌畫、管理、溝通、協調的能力與經驗。未料在一次校慶日活動，清晨前往學校的路上，我的機車卻在大雨滂沱中拋錨，導致當天無法準時趕到學校，造成校慶典禮和活動大亂。因為所有活動流程都是由我掌控和指揮，那個時代既無電腦，亦無手機，無法即時聯繫，嚴重影響了貴賓及家長們對學校的印象。事後我深感自責，即主動辭職離開了奎山中學。

1971 年冠宇快樂的帶著妹妹

冠如告訴我 - 她很快就會長大！

那時，台灣的社會發展已趨穩定，政府正推動工業化，1966 年，台灣的第一個加工出口區在高雄成立，台灣的經濟開始起飛，教育普遍受到重視，因此學生的競爭和升學壓力籠罩全台。

大華中學

1967 年 8 月，我應徵私立大華中學的教師招聘，並獲任聘，9 月 1 日起，我就開始在該校任教。大華中學係由方治平校長於 1962 年創立，原址在台北市吳興街底（現今已遷至桃園楊梅，更名為大華高中）。方校長曾任台北敦化南路婦聯會所辦的復興中小學

校長，辦學非常認真嚴謹，深獲各界好評。當時許多中上層社會人士，望子成龍、望女成鳳之心殷切，多設法將其子女送進大華中學就讀。

在大華中學教書是件愉快的事，學校的規章制度完整，學生聰明活潑、程度整齊，老師亦因得「英才而教」皆樂於盡心盡力傳道、授業、解惑，故教學成果斐然，每屆畢業生參加台北市高中入學聯考，錄取率均超過百分之九十，且多數入榜當時最好的建中、附中、成功、北一女、中山女、景美女等。時至今日，大華中學的畢業生在社會各界亦多表現優異。

雖然在大華中學教書是件愉快的事，但也是件繁重和辛苦的工作，尤其擔任導師，要照顧好全班 65 位學生實非易事，除了關心學生的學業，還要輔導學生的生活、品德和思想。老師們每每在批閱學生週記時，就會發現有些學生思想成熟較早，常會寫出他對社會、時事、人性及身心成長的感受和反應，此時，老師若無法在他的週記簿上用文字三言兩語說清楚的話，只好寫「放學後，請到辦公室來和老師談談！」但結果多半是學生不來，且會說：「老師，沒關係，我只是隨便寫寫啦！」這樣老師就無法善盡溝通和輔導之責，學生也未能受教和滿足，實在可惜，現實也！

1968 年台灣開始實施九年國民義務教育，初級中學均改制為國民中學。為增進教學知識與技能，我利用暑假及夜晚至師大修畢有關教育的 24 個學分課程。

到大華中學的第二年，我被安排擔任一年仁班的導師，一直帶至三年級畢業。師生三年相處，除假日，幾乎天天見面，從早自習至放學前簽發聯絡簿，從作業、試卷改到週記，從午睡到清潔比

賽及歌唱比賽，從個別談話到家長會談，對每位學生的個性、學習能力及家庭狀況都瞭若指掌。那時我雖然年輕，體力、熱情正旺，每天想的、做的都是學生的事，希望他們愛學習和身心健康。但仍因每班學生人數實在太多了，而有不能將每一個學生都照顧好的遺憾。

大華中學的物理課

就在這班學生考完畢業考試、學期將結束之際，我接到恩師馬元乾（高中的生物老師）通知，因他即將出國與家人團聚，已和台北建國補習班的鍾主任講好，他的生物課將全部交由我接手教學，且時間還滿緊促的。這突來的變化，讓我猶豫了好幾天，因為大華中學是嚴格禁止老師至補習班兼課的。顯然，補習班工作與大華的教職，是無法

與大華學生登觀音山

同時兼顧的，在不能兩全的情形下，我選擇了補習班，辭去大華教職。再則，我在大華帶了三年的學生正好畢業，算是完成階段性的任務了，唯一的傷感是我未能參加他們的畢業典禮，陪他們走出校門。但我對這班學生的關懷一直都在，至今我仍保存著這班學生附有照片的「家庭狀況表」，偶爾翻閱，還是會勾起那段在大華中學教書的日子，想像他們的成長及對社會的貢獻。時光荏苒，五十多年後的今天，他們也許都已退休，在家含飴弄孫了吧！

補習班

離開大華中學後，旋即開始在建國補習班任教，同時又被鄭世洵校長聘請到台北市立大同國中擔任教師，當時公立學校的老師是被允許在補習班兼課的。接著，除建國補習班外，又增加了建功、文華、再華等補習班，課程除生物外也教物理及化學。每天課排得滿滿的，平均一天五、六個小時，教學內容重複、嫻熟，深受學生歡迎。

在補習班趕場式教課兩年後，經濟上雖更穩定，但我常反思：聲帶要靠枇杷膏、膨大海、喉糖等來保養，否則易失聲；重複的講課，讓我變成了「教書匠」，這是我要的人生嗎？我才 32 歲，眼看學生們每年成長、進步，我的同學和朋友也都在社會各界謀求發展，而我卻似在「原地踏步」。長江後浪推前浪，這「作育英才」的工作我已盡過力了，就讓後進接棒吧！於是，在學期終了時，我辭去全部教職，結束了前後八年的教書生涯。

【感觸與認知】

一、教育非常重要，它影響個人、社會、國家至鉅。基本上和植栽一樣，種瓜得瓜、種豆得豆。

二、在成長和受教的過程中，如能遇到好老師，幫助極大，將受益終生。愛心、耐心、指導、鼓勵是好老師所必備的，但在今日教育制度下，分工分責、傳道、授業、解惑已難集於一師。

三、傳統的嚴師出高徒，已不合時代，體罰已完全不被接受。但三字經中的「教之道、貴以專」仍是鐵律。

四、國民政府遷台後，帶來大量知識份子，全面推廣國民義務教育。1968 年，又由六年國教延長為九年國教，這是後來台灣在文化、科技、政治、經濟等各方面快速成長的主因。

五、國家的教育體系，本應配合人口、社會、及國家需求而設計。但台灣後來，因選舉而討好各地選民，普設大學，已無職業學校及專科學校，人人大學畢業（但畢業生水準卻下降），找不到專職、專業人才，致國家建設發展各階層所需人力產生斷層。

六、更糟糕的是，「課綱」已淪為政治長期洗腦的工具，竄改史實、不顧文化，強灌政黨意識，政黨操控課綱，誤導了國家未來主人的思想！

七、因科技進步，資訊發達，人們的認知常來自無法分辨真偽的網際網路。無形中，能控制網際網路的人，已在實質地按照他們的意識「教育」人民、影響輿論、導引國家和社會發展的方向。這可悲的情況不知何時才能改善？

第四章
商場篤行

嬰兒用品

結束教書生涯時，並沒有計畫好未來，只想休息一陣子，再規劃決定。就在此時，大弟邀我去看看他的新公司，希望我提供些意見和方向。他的公司叫「托福企業股份有限公司」，由他和幾位年輕朋友合夥成立，從事嬰兒寢具的開發、生產及銷售。

台灣當時新生兒出生人數不斷攀升，我推定這個事業應有未來性，深具商機，反覆思考後，將產品先鎖定為嬰兒寢具，並由「寶寶睡袋」和「寶寶鋼床」著手，開始收集類似產品的資訊並著手設計、打樣。第一個樣品是由我母親親自剪裁製作的「熊寶寶睡袋」，毛茸茸的，非常可愛，但不知市場真實反應會如何？唯有先做廣告試一下水溫，如果消費者反應良好，再進行量產。於是為了節省成本，就在我家的客廳，由我兩歲的女兒冠如充當模特兒拍攝廣告照片。一週後，寶寶睡袋的廣告就出現在《中國時報》上，除了有可愛的照片外，還有吸引人的廣告詞：「有了寶寶睡袋，寶寶不再感冒，媽媽安心睡覺！」

冠如兩歲拍的
寶寶睡袋廣告

想不到洽詢的電話響個不停，廣告效果奇佳，消費者反應熱烈，就連當時最大的三家百貨公司遠東、第一和今日百貨的愛兒館，也紛紛來電想預訂這個可愛的寶寶睡袋。但令人發窘的是根本無貨供應，連原料及生產線都還沒有啊！這才開始急著購料並委外代工生產。有了行銷通路，接下來是更重要的財務和管理，依照百貨公司一般送貨、結帳、期票到期日的時間一算，光是嬰兒睡

袋一項產品，至少需要準備半年的營運周轉資金，這不是我們當時自有資金所能承受的，更遑論我們還要生產寶寶鋼床等其他產品，自有資金不足的問題立即浮現。

當時有位朋友，知我覓資孔急，介紹了一位正在做建築的吳董事長，在吳董事長聽完簡報，並且看過營運計畫和財務預估後，願意幫我解決財務上的難題，同意以付息方式借款台幣 50 萬元給公司。在 1973 年的新台幣 50 萬，足夠在台北市買到二間中型公寓的房子，這是一筆不小的資金。當資金籌措順利，正準備添購生產嬰兒用品所需原料和設備之際，吳董事長又來電約我面談。當時既疑惑又不安，擔心「該不會是答應要借的錢不借了吧！」。

沒想到與吳董事長面會時，他第一句話就說：「錢我一樣會照借給你，但我要你這個人，因我的公司缺一個像你這樣的總經理！」我聽後著實嚇了一跳，回說：「我原是一個教書的，沒做過生意，更不懂建築，不可能擔任你建設公司的總經理！」吳董事長接著說道：「我就是聽了你的簡報，看過你寫的營運和財務計畫，知道你的才能，正是我公司需要的總經理，我要的是你經營管理的能力，至於建築相關的專業人員公司都有，相信你會很快上手的。希望將嬰兒用品公司交回令弟經營，你可以加入我公司百分之十的股份，下個月就能來我公司上班，請你認真考慮一下！」

一個月後，懷著忐忑不安和迎接挑戰的心情，我就任了天大建業公司總經理一職。

建築事業

天大建業是個中小型的建設公司，進公司第一天，我就召集公司

幹部及主要工作人員座談，坦承自己是首次擔任建設公司總經理，誠懇要求所有送進辦公室要我簽字的公文不能放下就走，必須當面跟我解說，讓我明白後才能放在我桌上。我特別拜託公司的會計人員為我解說公司的財務狀況及作業流程。也請工務部經理，利用中午時間，教會我看各類建築圖，並帶我至各個工地了解實務。自己則再利用晚間及週末，閱讀公司所有對外的合約，包括客戶買賣契約、地主合建契約、建材採購契約，以及承攬包商契約等等，並參研其他公司成功的建築案例，以增加專業知識。

那一段期間，來往和請教最多的對象是律師、建築師、會計師及土地代書，如江鵬堅律師，他後來是民進黨的創黨主席；建築方面，則時常向黃祖權建築師請益，他當時任中原理工學院建築系系主任。這些專業上的夥伴，因為業務上經常溝通，後來都成了好友，更是我最方便的顧問。不到半年時間，我就熟悉並掌握了公司的整體業務。後來發現業務部有多餘人力，而當時台灣尚無專業的房屋買賣仲介公司，於是我推動了「二手屋」仲介買賣業務，大幅提升了公司營利。

1970 年代，國民政府在台已治理二十餘年，在經濟上，成功由農產品出口轉換成輕工業產品出口，外匯存款開始增加。在教育上，成功實施九年國民教育，使得教育普及化，文盲幾乎消失，廿年前出生的孩童已步入社會，成為推動國家發展的新生力量。在國際政治外交上，雖然遭遇退出聯合國以及中美斷交等挫敗，但政府以「莊敬自強」與國人共勉，強力推出十大建設，國家及社會呈現一片欣欣向榮的景象，處處都在建設，人人都在不同階層的崗位上努力奮鬥。小家庭快速增加，住屋供應奇缺，建築和營造業如雨後春筍般興起，簡陋的房屋紛紛改建成公寓或大樓。我既跨入建築業，自當繼續在這股潮流中盡力發展。

我們的奉獻！

● 士林福德城

● 西門景氣大廈

● 新店建安斯邦

● 延吉華廈

● 光復華龍物業

1976 年以前
已完成的建案

華視旁的華園大廈

國父紀念館旁的博愛廣場大廈

那個年代除少數財團外，建設公司常因土地來源及所需資金的不同，而組成不同的公司，故我前後共組過三、四個公司，分別擔任總經理或董事長。我曾經在台北市興建過十幾宗建案，僅僅光復南路就蓋過五棟大樓。其中位於光復南路 296 號，面臨國父紀念館的「博愛廣場大廈」最具時代意義。1975年國父紀念館才落成不久，其正面與側面尚無高樓建築，當時最高樓層的建築物，是現在一樓經營麥當勞的七層樓建築，而「博愛廣場大廈」建案，就是另一邊巷口的十二層樓建築。當初申請時，竟遭工務局駁回，理由是：依行政命令規定，國父紀念館正、側面的建築物，其高度不得高於國父紀念館！後經公司以申請建物之高度，係依建築法規設計，行政命令不得改變建築法規為由，並請市議員協調，兩個多月後才獲批准。從此，因「博愛廣場大廈」的興建，國父紀念館之正、側面建物之高度都允許超過十二層樓。

從事建築事業是一個複雜而具有挑戰性的工作，因為每一個建案都會因面積、位置、性質、規劃、市場及所需資金的不同而有差異。它其實是綜合了土地開發、設計規劃、營造工程、企劃銷售、財務管理和售後服務的事業。涉及的人才多元，包括地政、建築、土木、水電、廣告、企劃、財稅、

金融、法務及管理等。每一個環節的掌握，每一個人才的適用，均會影響公司建案的成敗。做為總經理，當然要對上述環節及人才充分了解，將正確的人放在對的位置，適當地統合，做出對建案、客戶及公司最好的安排和決策；還要有系統的管理，以及踏實的執行，才能讓建案順利成功。

面對工作上的問題，我總有強烈的好奇心和求知慾，一定要了解問題的根源，再謀求最佳的處理方案，過程雖勞心、費時，但結果圓滿時，就會有心中暗喜的成就感。我要感謝「天大建業公司」，因為它給了我可以發揮所長，激發潛能的機會，我也靠著這個機會不斷學習成長。

回想當初，在香港的加拿大領事館，與移民官面談時，他看過我的簡歷後問道：「你的專長 (professional specialty) 是什麼？」，我想他一定好奇，為什麼一個學農的人，在歷經養雞事業後，接著去教書，又經營嬰兒用品，最後除了從事建築業，還投資參與寶石公司。我回答：「我沒有專長，我是個通才，但我認為通才也是專長中的一種。」他回問：「這句話是什麼意思？」，我解釋說：：「所謂通才就是要廣泛的、相當程度的知道和你工作相關的每一樣事情，但不必精通，也無需技藝。因為我們做的是投資、安排、管理和統合工作。就像你，現在是一個很好的移民官，我相信，如果政府把你調到外交部，你也一定會是一個很好的外交官！」。他聽後，看著我笑笑，回說：「OK!」

移民到溫哥華後，我仍延續在台灣的建築事業。靠著我的「通才」，運用了本地的「專才」，於 1990 年，在 1788 W. Broadway (W. Broadway 與 Burrard St. 交叉路口)，投資興建了一棟地下三層、地上九樓的商辦大樓 – 錦繡大樓 (Prospect Centre)。至今，依然矗立在熙來攘往的溫哥華市區。

在加拿大從事建築事業，最大的不同在於加拿大是一個已開發國家，故其法規完善、分工專業而明確，非常尊重民意，土地開發前的公聽會頗受重視，治安良好，公務員守法守紀。包商、小包、工人均有合理利潤及保障，然而各種稅捐繁瑣且稅率較高，故建商最終利潤比台灣為低。

福德坑垃圾掩埋場

1988.3.4, 與中國信託總經理辜濂松同舟於泰國普吉島海邊

台北地區的居民得以維持較高的生活品質，乃因許多重要公共工程的陸續完成，其中有一個漸被遺忘的工程，那就是曾容納了台北 800 萬噸垃圾的「福德坑垃圾掩埋場」。

在做建案事業的數十年中，曾有四年應聘為中國信託關係企業－大友為營造公

七十六年度中國信託關係企業聯席會議留念

新加坡文華大飯店 76. 2. 17

1987 年中國信託關係企業聯席會於新加坡

司總經理一職，其原由是：在 1984 年，因亞欣營造公司欲投標台北市「福德坑垃圾衛生掩埋場」工程，需覓合作夥伴，請我介紹了大友為營造公司與其合作，並須擔任連帶保證人。未料，亞欣營造公司得標後，竟發生財務危機，無力履行與市府的合約，於是大友為營造公司就以連帶保證人身分承接了該合約，變成了「福德坑垃圾衛生掩埋場」工程的承包商。

「福德坑垃圾衛生掩埋場」(以下簡稱「福德坑」) 位於台北市文山區博嘉里 (原為木柵區富德里)，占地 98 公頃 (含聯通道路及汙水處理廠等)，坑面 37 公頃 (約為 36 個足球場面積)，可容納 800 萬噸垃圾。準備用來取代原在內湖葫洲里堆積如山、天天燃燒且惡臭四溢的垃圾山。福德坑不但是我國第一個，也是亞洲第一個垃圾衛生掩埋場，深具示範作用，其工程工序複雜，含環山進出道路、坑邊坡邊整理、多層大型不透水布(6Mx200Mx2mm 之高密度 HDPE) 之舖設及熔合、污水收集排送系統、污水淨化廠、垃圾碾實等。國內並沒有營造工程公司做過，亦無人有經驗。

大友為營造公司是意外也是突然承接了福德坑工程，有些措手不及，尤其母公司 (中信) 的辜總經理 (濂松)，在他知道是由我安排接到此工程後，特別約我面談，問了些細節，然後要我接大友為營造公司總經理一職。辜先生表示，台北市市長 (許水德) 致電中信辜董事長 (振甫) 說：他已在市議會承諾，隔年九月前必定關閉內湖的垃圾場，並開始啟用福德坑垃圾掩埋場，故福德坑工程務必要順利進行。當時自忖，案由我起，即義無反顧地同意了，並戰戰兢兢的答應會全力以赴。

上任後，即聘請了兩位留美的土木工程碩士，分別擔任專案經理和工地主任，成立專案小組執行本案。我亦赴美國休士頓參訪美

施工中的垃圾掩埋場

與美國最大的不透水布公司
Gundle 簽買賣及代理合約

福德坑垃圾掩埋場停用後
已成環保復育公園

◀福德坑現在已是台北地面
最大的太陽能發電廠

國最大的一家不透水布生產工廠 - 剛德 (GUNDLE) 公司，了解其產品、施工及熔合等技術，簽訂技術合作並引進台灣 (此後台灣各地的垃圾掩埋場、水池、水道及防水多採用剛德的不透水布)。

在大友為福德坑專案小組共同的努力下，福德坑正式於 1984 年 7 月動工，一年後，即 1985 年 8 月底，福德坑開放讓垃圾進場，正式啟用。連續四年，工程及工作人員均熟悉作業後，我才辭去大友為總經理之職。福德坑一直延用至 1994 年 6 月 16 日才停止使用，後由南港區的山豬窟垃圾衛生掩埋場接替。 25 年後的今天，福德坑已改變成為綠草如茵的「福德坑環保復育公園」，園區內規畫有人行步道、自行車道、滑草場、遙控飛機場等。不但是市民的活動和休憩場所，及至 2017 年，市府又在其上建置了「台北能源之丘」 台北最大的地面型太陽能發電廠。

在大友為任職總經理的四年裡，並非只專注在福德坑一案，同時期大友為還有十餘個建案及公共工程亦在進行，也都是我的職責範圍。故這四年，我在工程和經營管理上，習得的知識與經驗十分豐碩。

稅務困擾

1979 年，我設立了聯宇建設事業股份有限公司並任董事長，在台北市華視旁投資興建了一棟七層樓四拼的「聯宇華園大廈」。三年後完工交屋，原以為已順利結案，公司也辦完清算，正打算要結束公司時。未料，1982 年的某日，公司來了位陌生的「會計師」，他告知：「我知道國稅局的稽核組已抽查到你們公司在華視旁的建案，發現有逃漏稅的問題，你們公司會有大麻煩。」並表明他可以幫忙解決，但索價新台幣一百萬元。因我公司一切合法，且均按稅法、按規定繳稅，我不相信他的說法，故未接受他的要求。

兩週後，公司真的收到國稅局的通知，要我們提供全部帳冊及各種與本案相關的合約，公司的財務經理當即依通知將帳冊及合約等裝箱送到國稅局。爾後，又約談了公司財務經理和我。約談結束後，我已知他們認定的疑點是「合約不實」及「未依事實繳稅」。接著他們派人去訪談了稅捐稽徵處的承辦人及各地主。

本案在開發初期，土地使用權之取得是較複雜，因為地主太多，有的地主要賣地、有的地主要合建、有的地主要委建，這三種情形會造成三種不同的繳稅方式及稅率。買地部分屬公司自地自建，應全額繳稅；合建部分屬土地換房屋，應按以物易物繳稅；委建部分屬購料代工，應按勞務服務繳稅，但屬同一建案，建築成本及管銷費用又應如何拆算，當時確實困擾了我們。為解惑，我請財務經理發文給管區稅捐處，詳述本案狀況並請求覆文指示應如何繳稅。

一週後，收到稅捐處回文，明確指示按本案建地取得方式（購地、

合建、委建）算出各占全部土地之百分比，再依此百分比各照稅法規定列帳繳交營業稅及所得稅。雖然公司做帳會較複雜，但稅捐處既有指示亦屬合理，公司即完全依照其指示辦理。

兩個多月後，公司收到國稅局的正式處分通知書，認定公司繳交營業稅及所得稅的方法不對，並重新替公司計算了他們認為應繳交的營業稅及所得稅，總計要補繳的稅額加罰款高達新台幣 1200 餘萬。在那年代，這是一筆不小的數額，震撼了我！公司已辦完清算，合夥人也各自分回各人之股本及利潤，這種情況下，公司不能結束，我無奈地要獨自為此展開行政救濟工作。

所謂行政救濟就是指向主管單位申請復查和訴願，要從台北市政府財政局開始申請復查，而且當時稅捐稽徵法規定，申請復查前，申請人應先繳納二分之一稅款為條件，這是惡法，既不合理也不公平。那時要湊足 600 萬現金是件極困難的事，後來財政局同意我以一塊價值超過千萬的畸零地抵押做為擔保，復查工作才得以開始。

復查的過程複雜、冗長，從申請到公文往返、提供原始合約及相關資料、説明及調查，耗時一年多，等到的結果是「維持原處分」。於是上升到國稅局，向訴願委員會申請訴願，其過程與復查過程雷同，在一次説明會後，一位承辦人私下對我坦言：「本案原處分單位是財政部的稽核組，一般言，我們下屬單位是不會改變上屬單位所做的處分。」果不其然，又耗了一年多，結果仍是「維持原處分」。最後還有一次機會，那就是到財政部，提出再訴願。

財政部的再訴願委員會，係由財政部各單位主管組成，一般不再

做訪談和調查，只是由專責人員書面審查，做成報告在再訴願委員會中，由全體訴願委員公議決定。當時我的直覺是－本案將成冤案。連著幾晚我都禱告，祈求天主祐我平安避冤！就在心灰意冷、失望之際，我發現再訴願委員會審議辦法中有一條：「如有必要得邀請訴願當事人到會説明」，這條文突然間點燃了我的希望。我立即透過一位好友，他是新生報跑財經的記者，幫我約到時任財政部次長的白培英先生（他是財政部再訴願委員會的法定主席）。見面時，白次長概略了解案情後，即問我見他的目的是什麼？我直接回答：「希望未來開再訴願委員會時，能依法給我機會，邀請我到會説明！」白培英真是位好官，痛快回説：「可以！這合法，我會請承辦人發文，屆時請出席説明，並準備説明資料。」我興奮地走出財政部，彷彿看見了本案將平反的曙光。

一週後就接到財政部通知出席再訴願會的公文。我重新整理資料，包括全部合約、相關公文、帳冊和繳稅流程及憑證，為方便在再訴願會上，讓各委員快速及容易的了解本案，我特別製做了兩張大型簡明的圖表，說明本案之結構和繳稅流程。

當天在再訴願會開會時，主席（白培英）看我帶了一箱資料和圖表，特提醒我，因議案多，只能給我三十分鐘，請我把握時間。於是我花了十五分鐘利用圖表解說案情，另十五分鐘申訴請願，我訴願和辯解的重點如下：

一、因本建案複雜，在開始時，就向主管稅捐處請示繳稅方式，且獲回文指示繳稅方式，本公司亦依照指示陸續繳交各類稅金完畢。

二、本案三年多來，由各單位調查、訪談，再經復查、訴願均未發現本公司有任何不實、違法或故意逃漏稅金之事證。

三、本案原處分係由貴部稽核組直接所為，故北市財政局之復查及國稅局之訴願，均在查無不法實證或流程下，仍以「下級單位不宜推翻上級單位所做處分」之陋習，而維持原處分。

四、貴部稽核組並未提出本公司違規或不實逃漏稅之事證，純以主觀意識認定繳交稅金之方式不對，自行設定繳稅方式，重新核算稅額，而做出要求本公司補繳稅金及罰款之處分。

五、貴部稽核組所為之處分無異否定管區稅捐處原指示本公司之繳稅方式，縱使當初管區稅捐處之原指示有不當或錯誤，亦屬貴部內部檢討之事，萬無轉而認定本公司漏稅，並處罰本公司之理。

六、如本案不能撤銷，爾後各公司遇有稅務疑義，是否應向貴部稽核組請求解釋和指示？本公司有稅務疑義向管區之稅捐處請求解釋和指示，並按其指示繳交營業稅及所得稅完畢，何錯之有？

七、本公司無過被擾，已逾三年，不應再浪費政府及社會資源及時間，此次再訴願實為本公司僅有的一次行政救濟，請各位委員明察，做出撤銷原處分之決定。

這次再訴願會後的一個多月，公司收到財政部的公文，撤銷了原處分。這大概是台灣稅務史上，少有的高額補罰稅單能被撤銷的案例。我一顆懸了近四年的心終於放下。

這四年來，我身心備受煎熬，有些朋友還真以為是我逃漏稅被查到。一般言，財政部稽核組的組員多數是由調查局調去的人員，其任務是查核財政部職員有無不法及協辦重大逃漏稅事件。只要聽說案涉稽核組，會計師、律師或朋友都不願介入，故本案之復

查、訴願等平反工作都是我帶著助理去完成的。這次稅務困擾讓我深深體會到惡質的稅吏就是酷吏，為何酷吏會遭人民那麼痛恨。

後來，那條「申請復查或訴願前，申請人應先繳納二分之一稅款為條件始能進行」之惡法，也在 1988 年 4 月 22 日，由大法官釋字第 224 號解釋以－會造成人民喪失行政救濟之機會而廢止。

巨橋雜誌

1971 年，中共以中華人民共和國之名取代中華民國在聯合國之席位後，許多原與中華民國有邦交的國家陸續與中華民國斷交，轉而與大陸的中華人民共和國建交。政府以「莊敬自強」與國人共勉，決心好好建設台灣，發展經濟，推展十大建設，將全民因退出聯合國之消極悲憤情緒，轉為積極向上、發奮圖強的力量。

至 1979 年，中華民國在台灣施政已 30 年，雖在政治、經濟、教育和建設等各方面均取得超速的進步和穩定，大幅提升了國民所得和知識水平，但人民對自由、民主及參政的渴望跟著高漲，然而當時的政局仍是國民黨專政，並且還在戒嚴時期，禁止人民結社、組黨、辦報（未禁雜誌）。

巨橋雜誌編輯及顧問

巨橋雜誌合訂本

由於民智已開，政府施政失漏欠當之處頻率偏高，民權不張，人民怨聲時起。批判時政的雜誌廣受社會歡迎，更是知識份子和失意政客大鳴大放的出口。那時最引人矚目的雜誌有《文星》、《夏潮》、《自由中國》、《中國論壇》、《美麗島》等。然而，這些雜誌卻屢屢因內容偏激、文字煽動，反政府之情緒和言論不能被當政者接受，而遭禁止出版或停刊，更有甚者，其作者、總編、發行人亦被請去談話或坐牢成為常事。當時，尚無反對黨，凡非國民黨者統稱黨外人士，「黨內」、「黨外」對立嚴重。

1979 年 12 月 10 日，因國內反政府運動達到高潮，終於在高雄市，一場以美麗島雜誌社主導爭取全面民主和台獨的活動演變成流血事件，轟動國內、外，所有參與活動的主要人士均被捕入獄，美麗島雜誌從此被禁。後來，這些人也都成了民進黨的創黨元老。

就在社會政治氛圍肅靜之際，我的一些在學術界及新聞界的朋友仍非常關心時政，認為社會上應有一份能真正反應民意，可理性建言、批評卻不謾罵、說理而不煽動的雜誌。在經過幾次熱情激蕩的討論後，1980 年 2 月，一本願擔負人民和政府之間溝通性質的雜誌 《巨橋》雜誌誕生了。我被推為雜誌社的發行人，時任政大外交系系主任的李偉成教授擔任社長。

我當然知道一個雜誌社的發行人是要承擔該社在法律和財務上的全部責任，我既不屬政界，亦非學者，更不涉大眾傳播，之所以會出任《巨橋》雜誌的發行人，全因對時政的關心，願盡一己之力增進社會和諧、國家進步。幸有李偉成教授擔任社長，他願負責雜誌社的全部社務，包括約稿、審稿、編務、發行與公關。在那沒有電腦和手機的時代，辦雜誌還真是一件繁瑣和辛苦的事。

我們將《巨橋》定為政治和社會性的月刊，常配合時事，邀約當代社會上的精英、學者、專家和不分黨派的政治人物為雜誌撰稿。在那年代，雜誌的發行，除固定訂戶外，主要是透過總經銷將雜誌分佈到書店和書攤零售。

1985 年 藍天獅子會活動

1982 年初，為增強撰稿陣容及開拓公關，我們邀約了數十位好友，成立了藍天獅子會，由我擔任會長。那還是戒嚴的時期，人民沒有集會和結社的自由，但國際獅子會是被允許成立的。五年後，政府解除戒嚴，藍天獅子會也就此解散了。

《巨橋》之內容雖紮實、評論亦中肯，唯文辭欠缺刺激和煽動，難引起讀者購買的興趣。在初發行的一、二年，還頗受歡迎，收支尚能平衡。後來政論性雜誌漸增，每份雜誌均有其背後的政治立場和目的，大部分內容及文辭尖銳激烈。《巨橋》因沒有特別的政治目的，雜誌風格太理性又中性，「左派」不看、「右派」不愛，漸漸失去讀者的共鳴，讀者日趨漸少。及至 1986 年，民進黨成立，政府順應輿情及社會潮流，決定解除戒嚴，開放報禁及黨禁，電視台亦開放民營，民進黨已擁有屬於其立場之媒體。「橋」上行人稀少，《巨橋》也就順勢停刊止損了。

此後，台灣越來越開放，圍繞著自由、民主、選舉的政治活動層出不窮，政治鬥爭、族群撕裂、行政失能、教育敗壞、經濟下滑，已成常態。

【感觸與認知】

一、如果你每天都「傻忙」，那你會「真盲」，思考後、有計畫的忙，才會有收獲和成長。

二、「合作」的另一種解釋是「互相利用」，請創造你被利用的價值。

三、傲人的「學歷」、特有的「技能」是立足社會，謀生的保單，但「堂堂正正做人、規規矩矩做事」，才是長久生存和向上發展的保證。

四、決定做一個事業前，必需要先做「可行性調查」及「商業計畫」。「合約」的內容和寫法是決定事業成敗的關鍵，不可不慎。

五、做企業計畫或活動計畫，一定離不開人、事、時、地、物和錢。

六、要學會說「不！」，尤其面對猶豫不決的事，「猶豫」表示你尚沒把握、欠信心，不應回答「是」或「同意」，否則會讓你不安或失敗。

七、在探討各人未來發展時，當首重「興趣」。但人常不找到自己的「興趣」，或有多種「興趣」，可惜不精，不能靠「興趣」謀生或發展。這種情況即應依自己的「個性」和喜歡的生活「模式」去選擇你的工作和方向。如好靜、好動、管人、被管、不喜變化、力求創新、規律上班、自由創業等。如能興趣、工作、謀生、發展合而為一、當然是最愉快的人生。

第五章
移民加拿大

移民機緣

自古人類就在地球上移居，造成移居的原因很多，如環境、治安、戰爭、政治和經濟等，基本上就是移往生存容易、有利後代子孫學習和發展的地方。後來全球建立了以民族為主的國際體系，跨國的移居就變成了移民，即一國的國民跨國界成為另一國的國民，多數是未開發或正開發中國家的人民移民至已開發國家。

1977 年，台灣仍屬戒嚴時期，人民進出國門是受管制的，但商人可以申請商務護照出國做生意。剛好我受邀投資了由我同學主導的「唯寶寶石有限公司」，專門經營寶石 (如貓眼石、孔雀石、台灣玉、紅、藍寶石等) 之加工及進出口生意。我倆就申請了商務護照，做了一個多月的商務考察兼觀光旅遊之北美行，由香港經舊金山、洛杉磯、紐約、底特律、多倫多、溫哥華回到台北。

在旅程的最後一站，飛離溫哥華的前兩天，我們在 Chinatown 中餐館用午餐時，鄰桌一位華人聽我們說國語 (那時溫哥華講國語的人極少)，於是靠近我們自我介紹，原來是位辦移民的律師，姓畢，住家和事務所都在多倫多，來溫哥華辦事，過兩天就會回多倫多。我們就邀他併桌同聊，他向我們介紹了加拿大的移民政策和種類，在了解我們的背景和職業狀況後，他建議我們可以「投資開發 BC 玉石加工外銷」為項目，申辦企業家投資移民。如果我們願意的話，只需利用這兩天寫份簡單的投資計畫書，他願幫我們申請。這場意外的「移民餐會」，改變了我的後半生。

加拿大溫哥華給我們的印象和感覺實在是太好了，這是一個得天獨厚、有山有水、四季分明、處處綠地、花園，是古典與現代並存的海港都市；人民友善守法，尊重多元文化，少有種族歧視問題，是世界上少數幾個最適宜人類居住的城市之一。

也許是這些誘因，我們決定讓畢律師，試著為我們申辦加拿大移民。我們花了一天時間，在旅館擬了份中文的投資計畫，隔天交給了畢律師。

回到台北，又開始了忙碌的生活。我已將北美行的所見所聞和心得全告訴了昭華，最激起她內心漣漪的，當然是委請畢律師試探移民加拿大的事了。對她而言，這可能的變化來得太突然，我深深感受到她亦喜亦憂和不安的心情。接下來的日子，她上她的班，我忙我的公司，孩子依舊正常上學，移民的事暫藏心中。不到三個月的時間，就接到畢律師的電話告知：加拿大移民局歡迎我們的投資移民計畫，要我們提供相關文件，開始申請。昭華雖仍在猶豫，但我們還是配合畢律師，正式委託他辦理移民相關手續了。

也許那時申請加拿大移民較容易，約半年的時間，我們的移民案就被核准了，畢律師告訴我們：在收到核准移民文件後的三個月內，要去香港加拿大領事館面談及到指定的醫院做體檢，如沒問題，半年內就可移居加拿大。這就到我們要做最後決定的時候了，我們真的該就此「收攤」，移居到一個完全陌生的國度重起「爐灶」嗎？我和昭華商議數次，拖了幾週，難下決心。

那時我39歲，建築事業已有基礎，正謀發展；昭華在農復會上班，待遇良好，工作穩定愉快；家也剛搬進國父紀念館旁，住在我公司新建的「博愛廣場大廈」的十二層樓。女兒就讀斜對面的光復國小二年級，兒子就讀越過國父紀念館的松山國中一年級。我們已算是台北中上水準的小康之家了。且不說這裡我們有多少親友和同學，以及對台灣的熟識和感情，要昭華和我拋棄15年來，白手建立的基業是多麼不捨和揪心。一個月後，我們做出了擱置加拿大移民的決定，並通知了畢律師，生活又回到了正軌。

移民前攝於台北家中

移民前攝於台北家中之二

半年後，即 1979 年 11 月，有一天晚上，昭華認真對我說道：我們似應重新考慮移民加拿大的事。她所持的論點有二：第一、她覺得兒子在學習上有壓力，不快樂，應換個壓力較小的求學環境，而加拿大啟發式的教育舉世聞名，對兒子、女兒都好。第二、因我國退出聯合國，她所服務的農復會即將結束 (農復會是屬聯合國的糧農組織)，雖然她可轉行政院農委會任政府的公務員，但她認為這也許正是我們全家可到加拿大重新開始的一個契機。我相信昭華一定深思過才會和我討論，我也完全同意她的論點。唯一的困難是短時間內，我沒有辦法馬上中止正在進行的建築事業，然而我又不願因我工作的關係，而阻斷全家移民加拿大的機會。

因已過了原定與加拿大移民官面談之日久矣，故再電請畢律師向加拿大移民局申請重新安排面談時間。一個月後，接到畢律

▲移民前冠如攝於國父紀念館
◀移民前冠宇攝於台北住家 (博愛廣場大廈) 樓頂

1980 年出國護照照片 (政府規定未成年子女應與父或母合用一本護照)

師轉來移民局公文，排定了新的面談日期，並規定我們應在六個月內完成面談、體檢和報到。這次我們沒有耽誤時間，趕緊辦理所有相關事宜及出國手續，我的工作和資產也未及處理，全家就在 1980 年 5 月 4 日經香港飛抵溫哥華報到。

1980 年移民溫哥華的第一個家在 Richmond

定居溫哥華

下了飛機初到溫哥華，即嘗到異國人地生疏的滋味，一家四口暫住旅館。後來聯絡到一位年少時住我家附近的朋友王以時，靠他熱心幫忙，帶著我們認識環境、介紹銀行、律師、買車、買房等。

我們第一棟房子買在 Richmond 靠二號路的 Sapphire Place，那是一棟建商剛蓋好的樣品屋，建商也暫住其中。為了搶時間希望早點買到房子，就未做太多的比較，我告訴建商，就要這一棟，愈快交給我愈好。建商也配合說：只要繳清房款、辦完手續，他就可在一週內騰空，全部整理好交屋給我們。

移民第二年攝家中客廳

61

5 月底我們就搬進了這個新家。這是一個正在開發興建中的新社區，除道路外還很荒涼，在我們家後院還抓到過野雞。搬進新家的第三天，接到我高中同學張美的電話，她一家四口也移民到溫哥華，剛下飛機，已住進旅館。通完電話，我就開車去把她們一家人接到我那傢俱尚不全的房子暫住。這樣，兩家人互相有了伴。經一個多月，把家初步安頓好了。台北公司還有許多事待我回去處理，我懷著不安和不捨的心，告訴昭華：「給我一、二年的時間，讓我把台北的工作結束後，再回來和你們相聚！」。她內心當然知道，依我們當時的經濟狀況，如果沒有我在台北的工作和事業，是很難支持全家在溫哥華的移民生活的。回台前，我特別叮嚀 13 歲的兒子：「你是我們家唯一的男生，爸爸不在你們身邊時，你不但要管好你自己，還要照顧好媽媽、妹妹和這個家！」。後來，證明他做到了，而且做得很好！

獨留台北

搭機回到台北，正值傍晚。走進博愛大樓十二樓的家，屋內昏暗，悶味撲鼻，傢俱擺設依舊，靜得讓人心慌，知道這裡再也沒有昭華做家事的聲息，也聽不到孩子的歌聲、琴聲。走到陽台，望著國父紀念館的廣場，看見嘻笑的孩童追逐著牽手散步的父母，醒悟到此情此景已離我遠去，佇立良久，不自覺淚濕衣襟。熬到子時（溫哥華晨），和昭華通話互吐離情，彼此鼓勵、忍耐、努力，總有甘來時！此後每週隔洋通話，未曾間斷。

隔天，我就又投入台北繁忙的公司業務，由於沒有家人在旁，我也不在意上下班的時間了，好像時時都在上班，我喜歡工作，讓自己忙碌才不會東想西想。同事、好友也都知道我的情況，週末或假日常約我喝茶聊天，或打麻將。那個時候還沒有傳真、電腦、

手機。和老婆、兒女的聯繫與溝通,全靠書信及電話,因通話方便、書信未斷,我知道溫哥華的家,在昭華的打理下,生活已漸趨穩定,孩子們也都正常入學讀書。

在加拿大飼養的
第一隻寵物犬

半年後,我於聖誕節回到溫哥華與家人團聚時,溫哥華的家已整理得溫馨有序,孩子們有了新同學,昭華也結識幾家來自台灣的家庭,她已習慣並喜歡上了溫哥華的生活。利用新年假期,她開車帶著孩子和我冬遊溫哥華附近景點,我第一次欣賞到溫哥華被白雪覆蓋的美,意識到我的家將永遠在這裡了。

移民第二年,昭華母親亦由台
移居溫哥華同住,昭華大哥與
其女兒自美國來加探望

在那時代,台灣經濟欣欣向榮,處處都在建設,找工作、謀發展並不十分困難。我原想利用一、兩年漸漸收縮台灣的業務,再到溫哥華與家人相聚並重建事業,但事與願違,不但建案停不下來,還有推不開的事務纏身,所有工作和事情都是要持續數年才能完成,想回溫哥華和家人團圓的事,不得已一年年拖了下來。後來我變成空中飛人,固定每年回溫哥華二或三次,每次停留約三週。不過讓我安心的事是:昭華在移居溫哥華的第二年,就在機場免稅公司應徵到總經理助理的工作,她也回到了充實而規律的生活。這期間,昭華也曾利用假期帶孩子回到台灣陪伴過我。

直到 1988 年,我才真正結束台北的工作,回到溫哥華與家人同

住。1989 年，為方便兒子讀 SFU(菲莎大學) 及女兒高中畢業即將就讀的 UBC(卑詩大學)，全家再由 Richmond 遷至溫哥華西區且空間較大的住宅。

回到溫哥華，我已 49 歲，正值壯年，仍應工作，於是成立了「台華企業」及「唯立投資開發」兩家公司，昭華辭去原在機場的工作，配合我從事我熟悉的建築行業。後來冠宇大學畢業也加入我的建築事業。四年後冠如也從 UBC 畢業，直接進入 UBC 的醫學院攻讀。受我的影響，我的雙親和弟妹們也陸續地移居到了溫哥華。

移民後第三年昭華携孩子返台
探親 (攝於太魯閣)

冠宇 SFU 大學畢業

冠如 高中畢業

1989 年遷入溫哥華 Cartier 新家

新家地下室常是 親友歡聚之處

1990 年三代同聚家中渡除夕

1993 年全家 23 人聚家中同慶父親 80 歲生日

2000 年攝於錦繡大樓之辦公室

冠如 UBC 大學畢業
（續讀醫學院）

楓梅聯誼會

自 1990 年起，由台灣移民來溫哥華的人數漸增，經好友王以時的介紹，結識了孫靜源先生 (台灣勝一化工股份有限公司董事長)，在他的建議和鼓勵下，我們合資成立了新的投資集團，在大溫地區發展建築業務。位於西百老匯路 (W. Broadway) 與布拉街 (Burrard St.) 口的商辦大樓 (Prospect Center) 就是我們的代表作。

也許受台灣社會和時局的影響，1990 年，開始有大量的台灣移民湧入溫哥華，也有許多人移居多倫多和澳洲，且以工、商和醫界為眾，鄉音處處可聞。最易遇到鄉親及相互認識的地方就是高爾夫球場了，漸漸由球友進而餐聚和家聚，人數愈來愈多。

孫靜源先生是個交遊廣闊，為人熱情、好客，並樂於助人的人，在一次球後的餐聚上，他提道：大家移民初抵異地，難免會有陌生之感，我們似應組一個屬於自己的聯誼會，一則可以聯絡感情，相互幫助，二則可以交換心得和經驗。他的提議立即獲得在場九位球友的共鳴，並開始籌組。經過一個多月的努力，1990 年 6 月 24 日，一個由十五個家庭組成的聯誼會誕生了，大家接受了我提出的名字楓梅聯誼會 (Cantai Recreation Club)，並推舉孫先生為創會會長。孫會長領導有方，從一開始就要求大家能遵守兩個原則：一為「活動多元化」，一為「立場中立化」。此二原則亦獲全體會員之認同。所謂「活動多元化」就是指我們的活動除高爾夫球外，也應舉辦滑雪、游泳、釣魚、桌球、旅遊、舞蹈、歌唱等。而「立場中立化」意指大家應不分老少、貧富、黨派、籍貫、信仰、學歷或職位等，一視同仁、一律平等、彼此尊重、彼此包容、遵守章程，以維繫會員間之和諧與團結。

楓梅創會會長孫
靜源於 2019 年
秋之晚宴

2019 年秋，楓梅孫創會會長
晚宴時 65 歲以上老會員合影

有了上述二原則，楓梅聯誼會的發展極快，不到兩年，會員就增加到 62 個家庭。每月都有活動，每月也會輪流在一位會員家中舉辦圍爐夜話，不但拉近了家庭與家庭的距離，也促成了「楓梅女子高爾夫球隊」及「楓梅青少年聯誼會」的成立，許多會員從不認識變成了知己。每年年終，還會舉辦楓梅除夕聯歡晚會，常席開 30 桌，會上除頒發年度高球獎杯外，還有精彩歌唱、舞蹈等表演節目，節目全由會員自編自導自演，當時 < 楓梅除夕聯歡晚會 > 是每年僑界大事，「楓梅聯誼會」在溫哥華地區已是一個頗具名聲的華人社團了。

在楓梅成立的最初幾年我都擔任理事，參與頗深，後因創立及帶領「溫哥華台灣商會」耗時費心較多，故除了打球外，即未再涉「楓梅」會務。直到 25 年後的 2019 年 9 月，孫會長邀約參加楓梅第 29 屆餐聚，會見眾多老友及新知，真有「少小離家老大回，鄉音無改鬢毛衰」之感！

温哥華台灣商會

1990 年 6 月，楓梅聯誼會成立時，溫哥華的台北經濟文化辦事處及世界日報社均尚未設立。然由台灣陸續湧入加拿大的移民家庭愈來愈多，大多聚居於溫哥華、多倫多及魁北克。估計溫哥華地區即有數萬人之眾。基於新移民同質性的需要，成立了許多台僑社團，如楓梅聯誼會、金龍高爾夫球隊、台加文化協會、杏林醫聯會、台灣同鄉會、合家歡、榮光聯誼會、及台灣的各大專院校校友會等。

在 1992 年初的楓梅理事會上，討論到如何幫助來自台灣的新移民在這裡立足並建立新事業是件刻不容緩的事，會中決議成立一個能經驗交換、團結互助的商會是必須的，並推舉我負責籌備。我知道這是件付出心力又未必討好的事，因我較早移居溫哥華，比大家多些經驗、關係和認知，又因潛在「服務人生觀」的驅使，我承擔了這項任務。

經兩個多月的奔走、聯繫和協商，在溫哥華台北經濟文化辦事處(1991 年成立) 第一任處長王維傑先生的協助下，「卑詩省台灣商會」在 1992 年 3 月 29 日正式成立，我被推選為第一屆會長。因當初會員多屬台灣來的企業主和投資者，故商會的英文名稱為 Taiwan Entrepreneurs & Investors Association In BC. (簡稱 TEIA)。

溫哥華是加西最大都市，位於 British Columbia 省，簡稱 BC 省，中譯為「卑詩省」。2007 年，本會為配合北美洲及世界台商聯合會統一名稱，英文名改為 Taiwan Chamber of Commerce in BC，簡稱 TCCBC。2020 年，本會再向主管機關申請並獲

1996 年溫哥華台灣
商會舉辦台商之夜

1997 年雙十國慶
酒會與台北經濟
文化辦事處第二
任處長沈斯淳夫
婦留影

准 Taiwan Chamber of Commerce in Vancouver 亦屬本會可使用之名稱，簡稱為 TCCVAN，故本會中名亦可稱「溫哥華台灣商會」(以下簡稱本會)。

本會會員人數從開始的 40 多個會員，到第二年就增加到 80 多個會員。第三年，修改章程後，所有台灣來的專業人士均可成為正式會員，於是會員人數快速增加到 400 餘人。在商會成立後的前十年，會員眾多，會務繁忙興盛，充滿活力。主要的活動除了一般的會員聯誼、專題演講、企業參訪，還拜訪省政府及各地區市政府，以了解各區都市規劃及未來發展。又因中華民國與加拿大沒有正式的外交關係，故台灣商會亦承擔了國民外交的角色，舉辦過許多促進台灣和加拿大的各種商務和文化交流工作。台灣的「全民健康保險」正式實施前，當時的衛生署署長張博雅率團來加拿大考察時，商會亦曾參與接待並給予協助。

經過十幾年後，台灣移民加拿大的人數已逐年減少，當年來加國時，12 歲左右的孩子們已進入了大學或就業，並已可獨立生活了。但不少父母們雖然移民到加拿大經過了十餘年，基於文化和語言的差異，仍難融入加拿大當地社會，想念起台灣的生活、親人、朋友、資產、健保和方便，自然興起了不如歸去的念頭，紛紛留下子女，回流台灣享福或再去創第二春了。

商會的會員人數因此逐年下降，會務的推動漸顯不易，所幸靠著各屆會長及理事們的個人意志和熱情，奉獻耕耘，每年仍將商會活動辦得有聲有色，延續了商會的活力和聲譽。

BC 省的人口約有 460 萬。大温哥華區約為 250 萬人，其中約 50 萬人為華裔，來自台灣的移民最多時有 4 萬餘人。至 2020 年時，仍有約 2 萬多人。本會的會員也從最高的 400 餘人降至現在的 100 餘人。

2020 年 6 月 26 日，本會已是第 29 屆了，時空及環境的變化極大，本屆新選出的會長才 32 歲，當是青年才俊，從本屆理事的年輕化，即顯現本會已在「老藤」上長出了「新枝」，冀望本會先進能傳承經驗，提攜後進。一個有情有義、團結互助的商會，才能永續存在，未來也應善用網路及社交媒體，擴大對外聯繫與分享新知及商場趨勢，吸收更多台商加入本會。事實上，加入台灣商會或擔任理事或會長，是有許多益處的，除增加商機、擴大社交範圍和提升社會地位外，還能培養群處的互助、合作和領導能力，更能享受到付出的快樂，增添未來美好的回憶。

北美洲與世界台灣商會聯合會

1996 年初，「北美洲台灣商會聯合會」的總會長王德先生特從台北打來電話，表示數日後將飛抵温哥華，專程拜訪本會。見面後始知他在台北僑務委員會開會時，章孝嚴委員長告訴他：温哥華台灣商會辦得很好，會員眾多，會務活躍，應要請他們加入北美洲台灣商會聯合會。這就是他此行之目的。我曾向他表達－本會與多倫多台商會及魁北克台灣工商協會等已共同組成「加拿大台灣商會聯合會」。理論上，似應由加拿大、美國和墨西哥三個國家的台商聯合會共組北美洲台灣商會聯合會總會才合理。而後，

1996 年溫哥華台灣商會應邀加入北美洲台灣商會聯合會首次至亞特蘭大參加理監事會會後參觀 CNN 總部

1997 年參加世界台灣商會聯合會第三屆第四次理監事會於巴拿馬

王德總會長說明道：北美洲台灣商會聯合會總會早於 1987 年成立，章程明定其成員為北美洲各大都市之台灣商會，目前已有數十個都市的台灣商會加入，不但包含美國的各大城市，而且還有墨西哥及中美洲的各大城市。現在要改變北美洲台灣商會聯合會的架構或章程恐有困難，希望溫哥華台灣商會先行加入北美洲總會，至於加拿大其他都市的台灣商會北美洲總會也都歡迎他們隨時加入。

於是在本會第五屆（會長是賀聖輔）的理事會中，就本會是否應加入「北美洲台灣商會聯合會」案提出討論，結論是為了本會會員能與北美及全球各地台商聯成網以增加商機和聯誼，故決定申請加入。於 1996 年 6 月，本會代表（賀嗚笙、賀聖輔、龔丕堯、林大誠及我五人）同赴美國亞特蘭大，於北美洲台灣商會聯合會第九屆年會中，申請入會，並獲大會熱烈歡迎，本會正式成為北美洲及世界台灣商會聯合會的成員，我亦擔任了北美洲台商聯合會的理事及副總會長等職。此後，本會代表即常飛往北美和世界各地參加聯合總會的活動，亦多次爭取到北美洲和世界台商聯合總會的理事會及年會在溫哥華舉辦，這就促使本會對

1995 年加拿大台商聯合曾會成立時攝於多倫多

1995 年世界台商聯合總會總會長余聲清夫婦及加拿大台商聯合會創會蔡亮亮訪溫哥華台灣商會，並與台北經濟文化辦事處首任處長王維傑夫婦留影

外關係延伸到北美與世界各地，真的做到商機通四海、朋友滿天下的效果。

1995 年初，多倫多台商會創會會長林蔡亮亮女士有鑑於加拿大與美國之國情不同 (如社會福利、醫療保險、移民政策和稅率稅法等) ，常有台商相關事務純屬加拿大之議題，卻是北美洲台灣商會聯合會不便出力和服務的範疇。為了全體加拿大台商之權益，應當有必要成立加拿大台灣商會聯合會，以提升加拿大台商之力量與互助。林蔡亮亮女士乃主動聯絡溫哥華及魁北克的台灣商會共同商議，籌組聯合會，經半年的努力，在 1995 年 6 月 25 日，「加拿大台灣商會聯合會」正式誕生。

「加拿大台灣商會聯合會」成立後，確實辦了許多促進台灣和加拿大間之認知與交流活動，不但做了台灣與加拿大間的橋樑，也提昇了加拿大台商的聲譽與形象。然由於加拿大幅員遼闊，聯繫不易，復因聯合會章程之不當修訂，至聯合會之組成僅由少數個人登記，已無加拿大各地台灣商會之名，雖仍保有形式上之聯誼功能，但失去了依法運作之基礎。

1997 年參加世界台灣商會聯合會第三屆第四次理監事會於巴拿馬

1997 年響應北美洲台灣商會聯合總會，遠赴巴拿馬歡迎中華民國總統訪巴，與袁健生大使留影 (袁大使曾先任駐加代表，後任駐美代表)

1993 年訪溫哥華市長 Gordon Campbell, 其後他再任 BC 省長十年

1998 年世界台灣商會聯合總會各洲總會長及理監事拜訪總统府

自從 1949 年，中華人民共和國在大陸成立，退居台灣的中華民國，在經過一連串退出聯合國，原邦交國又陸續斷交後，外交處境愈來愈困難，在無法設立大使館及領事館的情況下，只能在各國及各大都市設立「台北經濟文化辦事處」而代之。原在海外一向支持中華民國的各地傳統僑社，也因中華人民共和國的崛起逐漸倒向「中國」，這就更進一步壓縮了我國在外交及僑務上的活動。所幸，台商卻在世界各地非常活躍。

為了擺脫中華民國在國際活動上的困境，政府決定整合及凝聚全球各地的台商，發揮民間力量，突顯台灣之實力與影響力。1993年 2 月，特命章（蔣）孝嚴出任僑務委員會委員長，負責結合各國、各洲台商成立世界台灣商會聯合總會。經各方兩年多的努力，於 1994 年 9 月在台北市，由亞洲、北美洲、歐洲、非洲的四個台商聯合會成立了「世界台灣商會聯合總會」，1995 年 8 月，再加入了中南美洲台灣商會。至 1998 年，焦仁和任僑委會主委時，再輔導大洋洲台商聯合會加入，至此「世界台灣商會聯合總會」已名符其實，真正涵蓋了全世界的台商，是國內外頗受重視的一個全球性的民間團體。

由於海外台商都積極參與當地社會活動，均能在各個居住國協助政府拓展國民外交，促進台灣與居住國之經貿關係，提升台灣國際的能見度，並配合國家政策，鼓勵台商回台投資，參與國家建設與社會關懷。當初設立「世界台灣商會聯合總會」之目的，顯然應已見功效。也許是我涉入台商及僑界活動較深，自 1998 年，獲政府任命為僑務委員，連兩屆，共六年。

天天火鍋

1993 年夏，有一天「楓梅」的孫會長帶著幾位會員到我辦公室說：前幾天他們打完高爾夫球，在溫哥華有名的「春秋火鍋」餐聚時，熱情討論並決定要在溫哥華開一家最大最好的火鍋店，預計集資加幣 100 萬，目前已有 19 人願意加入投資，每人股金加幣 5 萬，總經理、經理、大廚、二廚都已找好了，現在缺一位董事長及場地，今天就是來和我商量這兩個問題。他們繼續說道：他們找過幾個場地，發現我剛興建完工之「錦繡大樓」(在 1788 W. Broadway) 的一樓四個店舖合併起來非常合適，這大樓又是我和孫會長合資興建的，而我的辦公室就在頂樓，故要求我加入並出任董事長。聽完，我知道麻煩來了，婉拒解釋道：

一、一樓四個店舖已售出，雖尚未交屋，但不知新屋主是否願出租。

二、原設計一樓為商業店舖，非做餐廳使用，要做火鍋店，一定要改設計及再施工。

三、我無餐飲業經驗，最好另找有經驗的人來負責。

四、我曾找「紫微斗數」專家算過命，警告我不能開飯店，否則會大虧，所以最好不要找我做負責人。

在經過當場商議後，我被說服了。因：

一、電詢店舖的四位新屋主，知是建商的關係人欲租，均同意出租。

位於 1788 W.Broadway 的錦繡大樓

二、房子原來是我們建的，由我們變更設計、裝修及施工為火鍋店，合理！頂多增加些裝修成本。

三、已談定的總經理、經理、大廚、二廚都深具經驗，我不用管經營和業務，因我的辦公室就在樓上，只要照顧好行政及財務即可。

四、不要相信「算命」，我們有 20 個人的「命運」綁在一起，不會倒！至於其他股東，均為新移民，許多人還在台灣和溫哥華間飛來飛去。

在「天天火鍋」成立之股東會上，再次確定了股本為加幣 100 萬，股東 20 人，每人出資 5 萬。我雖為負責人，但我只管店面的變更設計、施工、裝修及申請營業執照，平時我只須管行政及財務，火鍋店實際上之經營管理和業務由總經理及專業人員負責。

待正式開始工作，即發覺在溫哥華開火鍋店遠非想像中的那麼簡單，是要由工務及衛生兩個單位管理，當他們知道我們要開的是一個可容納 200 餘人的火鍋店後，提出的「合理」要求有：

1、拆原店鋪間之隔牆、改大門、加逃生後門。

2、依可容納人數加設應有比率的男、女廁所及殘障專用廁所。

3、廚房面積也有一定比率的規定，必須要有合格的倉儲間、冷藏及冷凍庫、洗烘碗機、水槽、爐台及工作台等。

4、因桌中央為火鍋，為防止桌子翻倒，故桌面材質應厚實且必須固定在地板上。

5、為考慮兒童及手臂短的人，其餐具能達桌中鍋，一桌只能坐 6~8 人，10 人以上之桌則必須改為橢圓型且設二鍋或三鍋。

6、因火鍋使用的是瓦斯，故必須在地板下鋪管並分別穿通接至每桌之火鍋。

7、每桌、每鍋上方必裝強力抽油煙機，且需無味送達室外，每個鍋上之入氣口處應設溫感自動化學撒粉滅火器。

8、兩百多人在密閉空間共同用餐，加上瓦斯火，恐氧氣不足，必須要有足夠新鮮空氣打入，又溫哥華冬季寒冷（甚至零下），故打入之新鮮空氣需要預熱至室溫。

9、因是火鍋店，故所有建材與設備（如天花板、房間隔牆等）均應使用具一小時防火之材料。

10、大廳有數個四人桌、六人桌、八人桌及十人桌，中央是標準的酒吧台，還有可容十人、十二人及十四人的房間共六間。

天天火鍋店

前後耗時六個多月才完工，結算時，加上廚房設備、坐椅、雜支及從台灣進口大同磁器的各式大小碗盤，原加幣 100 萬之股本已所剩無幾。但換來一個美侖美奐且是加拿大最大又標準的一個火鍋店。股東開會時，雖驚訝於股本之將盡，但對即將開張大吉之「天天火鍋」仍充滿憧憬和喜樂。

1995 年於天天火鍋宴客

1994 年春，隆重開張，那天熱鬧非凡，花籃花圈從廳內擺至室外騎樓，我特請台北經濟文化辦事處王維傑處長來共同剪綵。當天午、晚餐均客滿，而且每桌可做二、三輪。連續幾週生意超好，第一個月結帳就賺錢。在各股東都發動親朋好友捧場下，前兩個月業績均佳，但第三、四月就沒那麼旺了，第五、六月只能打平，半年後生意開始走下坡，僅能靠週末維持。

在股東會上綜合檢討，為何全新的裝修設備、窗明几淨的管理、高品質的生鮮食材、合理的價格與服務，生意為何不好？可能的原因就是場地太大，客源不足：

– 温哥華華人雖多，但以講粵語老僑為主，台灣移民仍屬少數。老僑選火鍋仍習慣到「春秋火鍋」，本店來客幾乎全是國、台語客。

– 本店位置屬華人生活圈之邊緣，華人外食找餐廳，在未到達本店前，就已被許多好的中餐店吸引走了。

– 本店位置雖已進入洋人生活區，也努力介紹洋人來店用餐，但洋人在看到大家共用一鍋，且將剛切好還在動的螃蟹和活蝦紛紛投入滾沸的湯鍋時，都驚呆了。他們來過一次，就不再來了。

– 我們股東雖多，也都鼓勵親朋好友來用餐，但總不能讓親友凡外食或宴客都來「天天火鍋」。

股東會上決請大家增資或融資，每人一、兩萬加幣均可，盼有足夠的資金以延續時間，尋求改善辦法。隨著時間過去，增資的人不到三分之一，我徵詢大家的結果，回覆的話語類似：「當初投資純屬一時興起，大家希望每次打完球，有一個屬於自己的地方可以歡聚，所以投資，沒真想賺錢，也沒要參與經營，所以賺也好虧也好，都沒關係，我就不再出資了，你找有興趣經營的人再出資吧！」。

又過了半年，雖認真經營，但生意毫無起色，大廚、二廚、經理、總經理都辭職了，現金也已虧完了。後來再開股東會，只來了三位有情有義的股東。結論是把店頂給別人算了吧！

我早已懊惱，當初受人情的影響，未及深思，輕易地答應一群「朋友」酒後的提議，在沒有市場調查、可行性分析及營業計畫下，

就做了「天天火鍋」的負責人，犯了創業的大錯。而且，所有租約、採購合約、支票及文件上都是我的名字，別人可以一走了之，但我不能。自己犯的錯，怨不得別人，只能自己面對。一邊想辦法請專業人員辛苦經營，一邊努力尋覓可頂讓之人。好幾位在溫哥華從事餐飲業的老闆都來看過，却都因裝修設備固著及面積太大，而不敢承接。

這段期間，平均每月虧損加幣約壹萬伍仟元，除自己賠出，已沒有股東再來了。我家財務一直由老婆掌管，昭華當然知道我內心的感受，她從無怨言，每個月只會問我：「這個月支票要開多少錢？」就這樣又拖了一年多，「苦水」不知要向誰吐？

也有朋友勸我，何必苦撐呢？直接關店吧！認賠豈不解脫。他哪裡知道，依照四個簽了五年的店面租約，我們是不能解約的，就算給付高額賠償金解約，我們還必須拆除所有設備，將四個店鋪隔回，照建物原狀歸還屋主，這不但是筆可觀的支出，而且還是一項大工程。

我前思後想，只有一條路可走，就是將整個店由中央分成兩個店，讓接手的人仍能利用我們的設備和抽油煙系統，一半讓給願做火鍋的人，一半改做鐵板燒。為此，特透過友人，結識當時正在溫哥華觀光街 (Robson St.) 上營業之「神戶鐵板」的主廚 (Jonny)，他是來自日本的台灣人，為人誠懇，請他來店參觀和詳談後，希望他能帶幾個師傅來承接並自己做老闆，他答應會回去考慮。十幾天後，再見面時，他告訴我：雖然他已找到兩個同伴願和他一起合夥，但他仔細計算後，他們的資金不足，因除承接費及週轉金外，還須支付鉅額再裝潢及增改桌面、酒吧和管線等設備費。他們三人最多只能湊到所需資金的 70% 左右，而且他們只會廚

1996 年於大阪鐵板燒宴客

房工作，找不到適當的行政、財務和對外的人，且對本大樓狀況不熟，故必要的條件是我一定要參加，否則這件事他們只能放棄。

Jonny 給我的回話，似是難題，但我確知這是解決「天天火鍋」最好的契機，因為我不可能再找到一個比 Jonny 更適合來做鐵板燒的人了，而且當這一半改為鐵板燒店後，另一半火鍋店才有機會出讓給別人。在和昭華和冠宇討論後，決定接受 Jonny 的條件，唯一的改變是由冠宇代替我和他們合作。

再和 Jonny 見面時，雙方解釋說明清楚後，就達成了協議。Jonny 帶來的兩個伙伴，一為日籍，一為菲律賓人。此後，就由冠宇和他們三人商議、決定一切工作。不到半年，一家日式的「大阪鐵板燒」(OSAKA Teppanyaki) 在原址開張了。

1998 年春，一位廣東口音的老闆以極低的代價承接下另一半「天天火鍋」，他除做火鍋也做粵菜。我終於擺脫了四年多的糾纏和煎熬。常言「一失足成千古恨」，我亦因一時失察、困我四年光陰。

蒼天有眼！冠宇和 Jonny 接下「大阪鐵板燒」後，認真經營，客源迎向西方的主流消費市場，第一年就收支平衡。此後年年都有盈餘，至今，他們仍努力的經營著屬於他們自己的店。我二十幾年前，誤投的虧損亦已由冠宇「分批」賺了回來。

就在我回溫哥華打拼的十年中，冠宇、冠如分別在 1997 年和 1998 年結婚，建立了他們自己的小家庭。

冠宇與忠慧
婚禮前攝於
家中

▲冠宇與忠慧 攝於婚宴後

◀1997 年 10 月冠宇與忠慧結婚

1998 年 6 月冠如與 Bon 結婚

冠如與 Bon 婚禮後與雙方父母合影

冠如與 Bon 婚後與家人於天主堂外合影

【感觸與認知】

一、「移民」不僅會改變你和家人的生活環境，同時也決定了你和你後代子孫永久的命運。「移民」是條不歸路，實應慎重考慮。

二、陪同孩子一起長大是天賦的義務和責任，更是一種幸福。

三、「交友」是人生必修的課程，交朋友勿計較，了解就好。能有一、二可推心置腹、患難與共的摯友，此生足矣！

四、多參加社團服務社會，老了一定能享受到回饋。現在的人際關係，決定了你未來的幸福！

五、要欣賞朋友的成就，分享他的快樂。莫冷言冷語，別人會看輕你！

六、做人應考慮情、理、法，做事要考慮法、理、情。（注意先後秩序）

七、追求理想宜熱情，著手行動宜冷靜。處順境宜自制，處逆境宜堅忍。

八、遇到挫折和困難，不要退縮，要勇於面對、克服，其經驗是屬於自己的，更是你下一次成功的基礎。

九、做店面生意，位置（Location）第一重要，如開餐廳，頂舊店會節省大筆初期投資。

第六章
六十知天命

孔子曾說：「十五志於學、三十而立、四十不惑、五十知天命、六十耳順、七十從心所欲而不逾矩。」而我，六十才知天命。

2000 年，我已是耳順之年，兒女均已成家，本應規劃退休養老，但想到台北還有些資產應該處理，於是年初就從溫哥華飛回了台北。沒想到本是計畫短暫返台處理資產的，但也許「台緣」未了，在命運的安排下，竟又紮實地在台灣工作和生活了 15 年，這也是我人生變化最大的 15 年。

逸仙香榭

首先處理的資產是一塊位於台北市光復南路和仁愛路口的畸零地，這塊畸零地面積實在太小，不到 50 坪，要想取得建築執照，一定要買下或合併鄰地須達 95 坪。費了九牛二虎之力，耗時年餘，才達到可建面積。原擬將此建地交友人之建設公司投資興建，但該公司嫌本建案太小，沒有興趣。倒是我的老友顏先生勸我：「這種小建案想找好公司來投資興建不是很容易，你孩子也都成家了，回溫哥華反正也沒事做，不如留在台北自己幹，你經驗十足，就當老年重操舊業吧！」。想想也有道理，命也，我便留下了，於是設立了華利建業股份有限公司，找建築師設計建物、申請建照。半年後（2002 年 2 月）取得建照，準備興建一棟地下二層、地上七層的雙併電梯公寓（一樓為店面），建案名稱取名為「逸仙香榭」。由於地點好，又緊鄰國父紀念館，雖然當時台北的房市雖然仍處低迷，但本案卻在開工前就全部售出。2002 年 8 月，正式開工。

位於光復南路與仁愛路口的「逸仙香榭」

2002 年底，我回溫哥華與家人共度聖誕和新年。就在此時，影響我一生的父親病急住院，家人輪流陪侍，然醫藥罔效，父親於 2003 年 1 月 4 日，在親人萬分不捨下辭逝，享壽九十有一。傳統多「嚴父」，而我擁有的卻是「慈父」。父親也是有名的孝子，他在 54 年前從大陸撤台時，背著我爺爺從上海到台灣，一年後，爺爺在桃園大溪病逝，火化後的骨灰罈一直存放家中，並於 1993 年再隨同父母移居加國安放。這次在母親的指示下，爺爺隨著父親同穴葬於溫哥華。

晴天霹靂

自從我決定留台北開公司重拾建築業後，我只能在假日或短暫空檔飛回溫哥華探視家人。反之，這一回昭華成了空中飛人，每隔一、兩個月就會飛來台北停留一、兩個月。

2003 年 12 月 3 日，昭華因我感冒不適，特地從溫哥華飛來台北陪我。當天晚上睡覺時，她墊高上身，半躺著睡，我疑惑地問她為什麼這樣睡？她說：「因為躺平了就會咳，我半躺就不會咳，最近都這樣。在溫哥華看過醫生，吃過止咳藥，後來醫生也開過抗生素，但是吃了也都沒有改善，反正半躺就不咳了。」聽後，我直覺不妙，我說：「有問題！明天下午我掛了三軍總醫院胸腔內科主任－顏醫師的診，妳就和我一起去看診吧！」

第二天下午，進了顏醫師診間，顏醫師見我笑說：「老婆又回來陪你啦！」（我跟顏醫師早就從醫生與病人的關係變成朋友了）他在聽完我對昭華病情的敘述後，即請護士讓昭華去照 X 光。當照完 X 光，回到顏醫師診間，他一看 X 光片，臉色凝重地說道：「姚先生，你先回家去取你們二人的日用品及換洗衣物，你太太

需要留下來，我會請護士安排她住院。你快去快回！因快下班了！」。雖然心中充滿疑惑與不安，驚嚇到不會開口發問，但雙腳已走向停車場。一路上腦海裡盡是疑懼，有種不祥之感，一直猜疑會是什麼病？為什麼？會怎樣？

一個半小時後，回到已下班的空盪醫院，找到昭華的單人病房，一進門，昭華就問我：「怎麼回事？」原來她也什麼都不知道。就在此時，住院醫師正好進來，我立刻問他：「我太太到底是什麼病？」他回問：「主任沒告訴你們嗎？」我解釋：「因為醫院快下班和趕辦住院，顏醫師尚未來得及和我們詳說。」接著他請我到護理站。拿著病歷、看Ｘ光片，對我說：「你看Ｘ光片下半段都是透明的，表示那裡都是積水，上面中央偏左有一塊如雞蛋大小的黑影，那是腫瘤，這是典型的肺癌，而且是第四期。今晚會做些檢查和準備，已安排明早總醫師先看你們。」再回病房，昭華望著我問：「是不是肺癌？」我含淚點了點頭，兩人相擁而泣，我第一次感受到什麼是晴天霹靂！什麼是撕心裂肺！在我轉述完住院醫生的說明後，昭華比我勇敢，鎮定地說道：「天命既然這樣，我們就面對吧！」。是夜無眠，時而淚眼相望，時而談今憶往，也商討怎樣面對未來。當然我也電告遠在溫哥華的兒子、女兒，我感受到他們的震驚、淚水和揪心之痛。

化 療

次日上午，在住院總醫師的診間，他用一支大針筒直接從昭華背側面插入，立即抽出 700cc 血水，因肺積水太多，於是在她左側肋骨下方埋入導引管，引流胸腔內的積水。在後來的三天內，共引流出 2000 多 cc 的血水。血水流完後，昭華躺平睡覺時，已不再咳嗽。同時開始一連串的化驗和檢查，包括驗血、驗痰、穿刺、

X光、超音波、斷層掃描、骨骼掃描、正子掃描 (PET) 及肝腎功能檢查等。三天後，各種報告都出來了，顏醫師來告訴我們：

- 確定是肺腺癌，腫瘤已有 6cmx4.5cm。
- 癌細胞已擴散到中膈、肋膜、橫膈膜。
- 左肺下方已纖維化。
- 將轉到腫瘤科開始化療。

原打算回溫哥華做化療，但在我把三總所做的各種檢查報告、病歷和未來將採取化療的方法等資料傳給在溫哥華當醫生的女兒後，她回說：「三總做得很好，方向也正確，回溫哥華也要做同樣的動作，不要浪費時間，就在三總做化療！」。

於是，12月15日開始做第一階段的化療，為期三個月，每月一次，每次四天。那是一個痛苦的過程，所有化療的藥都是經由一個預埋在胸前的人工血管注入，注射後的反應更是難受，包括嘔吐、落髮、無食慾、煩燥、手腳麻、時冷時熱、白血球數及血紅素驟減、免疫力降低等等副作用。

第一個療程結束後，2004年3月18日再做正子掃描，結果顯示化療有效，腫瘤已由雞蛋大小變成乒乓球大小，原先擴散的黑點亦消失。醫師決定接著做第二階段化療，故3月24日起，進入第二個療程，其過程及痛苦與第一階段雷同，但副作用卻比第一階段化療更嚴重。熬到第二療程結束後，6月18日再做正子掃描，雖腫瘤繼續縮小（如核桃大小），但因癌細胞已產生抗藥性，化療效果已減弱。復因昭華體力已不能再承受化療的副作用了，腫瘤科主任高醫師表示目前只能暫時休息，但可以口服一種新藥 Irresa，因健保不負擔，須自費購買，等半年後看情形再治療。既然如此，我們就決定返回溫哥華休息及做後續治療。行前再去

看顏醫師並向他告別，他也力薦開始服用 Irresa，於是我買了兩個月份的 Irresa(60 粒，每粒台幣 2,300 元)，帶回溫哥華。

親情 友情

昭華病後的第三個禮拜，在溫哥華當醫生的女兒冠如飛來台北瞭解病情和陪伴母親，她的到來給了昭華溫暖、親情和安定，我能感受到她們母女情中帶有的傷感和無奈。冠如內心一定傷痛母女緣將盡，她體會到－在子女成長後，父母最關心的仍是孩子，想要知道子女的生活及工作狀況，想分享或分擔他們的成功與失敗。所以冠如離台回到溫哥華後，開始給我們寫信，幾乎每週電傳一封，除了問候和關心，還細述她的生活、工作和想法，並報告其他家人的近況。那時讀冠如的信，是我和昭華最大的慰藉和力量。

2004 年初冠宇帶忠慧及力文
到台北探母病

女兒回溫哥華一週後，2004 年 1 月 18 日，接著是兒子冠宇帶著媳婦和孫女 (忠慧和力文) 來到了台北。台北的家立刻熱鬧起來，力文才三歲多，充滿活力，童言笑語，活潑可愛，一直是我們家的「開心果」。雖然昭華正受化療所苦，但有家人的共同生活和陪同散步、逛街、會親、會友，分散了她的注意，明顯舒緩了她緊繃的心境。

就在冠宇他們回溫哥華後的第十二天 2004 年 3 月 3 日，冠宇來電告知忠慧再度懷孕，這是一個大好消息，無疑是在我們低迷的

氛圍中給了一針興奮劑，尤其對昭華，這特別有意義！她一直唸著孫女力文一人太孤單，盼望冠宇他們多生一個孩子，總算給她盼到了！

自從昭華病情傳開後，驚動了我所有的親朋好友，紛紛來電關心、慰問，或來院探病，或提供偏方和建議，真的讓我們非常感動。體驗到探病和被探也是一種藝術，尤其被探者是位無望的病人，還好昭華是虔誠的天主教徒，總是表現平靜和面帶笑容，常讓探病者感到安慰和放心。

當時最為難的是來自各方的偏方和建議，聽是要聽的，資料也是要收的，如屬補身或健康食品是可以接受的，但涉及治療型的偏方及建議就不太敢採納，

2004 年初冠宇帶忠慧及力文到台北探母病之一

2004 年初冠宇到台北探母病之二

一則沒膽量和信心，二則連醫師都反對。更大的問題是乘人之危的高價「偽」藥或健康食品。當然，我們也曾因望「治」心切而吃過虧。

艾瑞莎 (Irresa)

2004 年 6 月 26 日，我帶昭華回到了溫哥華的老家，她整個人都放鬆了，停止化療也已二十幾天，化療的副作用正在減退，除了手、腳仍麻木外，看起來與常人無異。在自己的家，又有兒子、媳婦和孫女同住，女兒家也在附近，照顧容易、生活方便，她的

心情和安全感比在台北時好多了。第二天起，女兒就開始安排昭華做各種溫哥華醫師需要的檢查，並將昭華轉介給她的同學 Dr. Janessa- 在溫哥華癌症中心擔任肺癌的主治醫師。Dr. Janessa 在看過昭華的全部病歷後，同意我們離台時醫師給的建議 – 現階段只能先服用 Irresa。

在我們返回溫哥華前，女兒和女婿為了幫助我們調整心情，就預定了四人同行的阿拉斯加遊輪之旅，這是一次愉快的海上行程，也是我們第一次乘遊輪到地球的最北地區，除了享受船上的餐飲和豪華設備外，沿途我們也看到鯨魚、海豚、海獅、海鷹、冰山及冰河，體會到大自然的偉大和生命的渺小。算是在昭華有限的生命裡補上了一塊滿足。

2004 年 7 月初冠如和 BON 陪昭華和我搭遊輪 (阿拉斯加七日遊)

因台北的「逸仙香榭」建築工程還在進行中，我將照顧昭華的工作交給了孩子們，於 2004 年 7 月 18 日再次回到了台北。雖然我在台北，但我們天天通電話，完全瞭解昭華的身心狀態，知道她因化療造成手、腳神經受損，會影響她行動外，其他狀況還算穩定，頭髮也慢慢重新長密。親友來訪，都看不出她是肺癌四期的患者，但她內心的隱憂和壓力當然存在，完全靠讀經和禱告撐著，把不知的未來全交給了天主。

昭華在吃完台北帶來的 60 粒 Irresa 後，9 月初去照了 X 光及斷層掃描，Dr. Janessa 看後說：「太好了！Irresa 對她有效，腫瘤

縮小成一薄片，應該要繼續吃！」Dr. Janessa 並立即發文給衛生部，要求政府應免費供應 Iressa 給昭華，政府很快就同意了。我們全家都好高興，昭華也受到鼓勵變得樂觀開朗些了。

10 月 17 日，孫子力仁誕生了，全家歡樂，昭華終於抱到孫子了，她注意力分散到孫子身上，幫著冠宇和忠慧一起照顧孫子。10 月底，我也回到溫哥華停留了二十幾天，看大家生活正常，昭華體力也有進步，唯手腳神經因受傷太重，影響生活作息和走路，Iressa 的副作用也顯現 – 皮膚乾癢和脫落。11 月中旬，再去照了 X 光及斷層掃描，Dr. Janessa 看後說：「太神奇了！恭喜！已經看不到她的腫瘤了！」，要我們繼續服用 Iressa。雖然 Iressa 看似仙丹，但我知道 Iressa 是一種新開發出來專對付肺腺癌的新藥，根據臨床試驗，該藥最高延長患者的存活期為五年，平均為兩年。所以在「看不見腫瘤」的欣喜心情深處仍埋著很重的隱憂。我帶著隱憂，11 月下旬回到台北，「逸仙香榭」已建築完工，正忙辦理交屋。

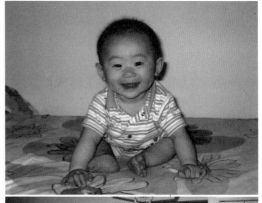

2004 年 10 月
昭華開心的抱到了孫子 (力仁)

抱著孫女和家人在一起
是昭華最愉快的事

天賜福緣

原擬早日結束台北的工作，盡早回溫哥華好好陪伴昭華。就在
2005 年 1 月初，一位十幾年未聯絡的李姓朋友找到我，他是一位
資深的天主教友，他告知教會有一塊土地要賣，並且拿了教會已
收到的三家建設公司所提出之意向書要我看後給出評鑑。當時，
台灣的房地產仍處低潮，我看後告訴他，基本上，這三家公司提
出的都是附有條件的買賣合約，不但土地價金浮動，而且短期
(一、二年內) 是拿不到現金的。次日，李先生又來看我，並說
教會不接受那三份合約，但因政府公布之土地增值稅優惠辦法即
將到期，盼能盡快單純的，在有銀行保證付款下賣掉這塊地，希
望我幫忙找人來買。當晚和昭華通電話時，談及此事，篤信天主
的她鼓勵我說：「既然是天主教的事，如能幫上忙，你就盡量幫
吧！」。過了兩天，李先生又來找我，說教會決定單純賣地，但
有三個基本條件：價格要以前三家建設公司建議之平均價為準；
在政府公布之土地增值稅優惠辦法到期前過戶；必須有銀行保證
付款。於是，我找了幾位好友，在滿足上述三個基本條件下，合
資買下了這塊土地。

因為我們購地並非為「屯地待漲」， 經商議後，我們決定成立一
家建設公司，在這塊地上興建大樓 (也就是後來我在台北居住了
十年的「敦南星鑽」)。當然，在做這決定之前，我和昭華在電話
上詳談過。當時我內心非常矛盾和猶豫，糾結在早日回溫哥華陪
她或繼續留在台北工作，而昭華總是溫婉的說：「我目前情況還
好，你就是應該去做你該做的事情！」。我們相知相識太深了，
雖未說出彼此內心的想法， 但我知她一向都為我設想得多和遠。
自昭華病後，回想一生，醒悟到過往的一切都是「天命」！那麼，
現在和未來就交給天主吧！興建「敦南星鑽」原不是我料想到之
事，顯然是天賜福緣。

病情惡化

二月初，我仍回到溫哥華與家人團聚，過了一個愉快的中國年。四月春假期間，孩子們還帶著昭華去迪斯耐樂園玩了四天。七月暑期我再回溫哥華，與家人相聚了二十天，昭華看起來身心還算健康正常。八月下旬，女兒和女婿特為昭華安排了夏威夷一週遊，我也直接由台北飛去會合同遊，她雖帶病，但仍表現出很高的興緻和感恩的心情。

2005 年春假，冠宇、冠如帶著昭華和孩子重遊迪斯奈樂園

▲ 2005 年 8 月，冠如和 BON 帶昭華遊夏威夷，第二天上午 BON 帶昭華去機場稱要接他的另一位朋友，結果昭華驚喜接到的人是我。

▶ 2005 年 8 月，冠如和 BON 帶昭華遊夏威夷之一

2005 年 9 月 29 日，特邀請單國璽樞機主教以天主教儀式主持敦南星鑽大樓開工祈福禮

接著，我又回到台北為「敦南星鑽」的請照和開工做準備。十月初，「敦南星鑽」順利開工，興建工程由營造公司負責。我十一月再飛回溫哥華，陪昭華到醫院做例行的追蹤檢查。十一月中，和醫師見面看結果時，醫師凝重的說道：「糟糕！癌細胞已轉移侵蝕到腦了！」，我們三人 (昭華、我和女兒) 互望一眼，知道最壞的情況已經發生了。醫生雖說還有最後的治療手段－放射線治療，但很快就被昭華拒絕，因為她了解－那將嚴重傷害她的大腦，何況放射線治療也只能再拖延一段很短的時間。回家後我問女兒：為什麼在服用 Irresa 且顯現控制良好的情形下，癌細胞還會轉移到腦部去作惡？女兒的解釋是：人身體本能性地會阻擋某些可能傷害腦細胞的藥物進入大腦，故 Irresa 雖可抑制癌細胞但卻被阻擋在大腦外，反之，癌細胞是屬自身的，一旦進到大腦，它就在那繁殖了。可怕！醫藥雖然進步，至今尚無戰勝癌症的辦法。

此時昭華仍頭腦清楚、行動自主，傍晚偶而還可散步。一日晚飯後，我倆漫步在住家附近的人行道上，我再試著勸她接受放射線治療，她卻堅定平和地說：「我知道我的時間不多了，我不想再做對我自己和大家都無益的放射線治療。

尤其是你，還有很長的人生路要走，我不能再耽誤你！」語畢，二人在櫻花樹下相擁而泣。良久，她繼續說道：「我想趁我現在狀況還好的時候，全家去照相館照幾張像樣的照片！」。接著，她又平靜地說：「你帶我去葬儀社，我要自己選擇和安排我需要的一切！」在走回家的路上，我問她：「妳還有什麼心願或遺憾，我來得及為妳去做的？」她回說：「和你結婚四十年，我們從一無所有走到今天，我非常滿足，沒有遺憾。不過，有一事你承諾過，至今還沒有做到—受洗！」。我帶著愧疚的心告訴她：「我沒忘！那是我們在台北聖家堂結婚時，面對天主和神父所做的承諾。我正在安排，應該會在這次復活節受洗！」。她看著我說：「離復活節的日子還有四個多月，恐怕我等不到了！」一陣鼻酸，我立即回說：「那我就利用月底回台交待事情的兩週內，請神父先幫我受洗！」。是夜又無眠。

傷別離

2005 年 11 月 20 日全家福 (攝於昭華蒙召前 40 天)

2005 年 10 月，單樞機主教從羅馬攜回第 266 任教宗 (本篤十六世) 頒賜之降福狀

2005 年 12 月 7 日，單樞機主教在台北仁愛堂為我施洗

接下來幾天，我們全家去照了相，我也帶她去了葬儀社，選定她所要的後事物品，葬儀社的工作人員無不敬佩昭華的淡定和勇敢。

昭華的頭部漸漸感受到不舒服的壓力，開始痛了，醫生開了止痛藥，她臥床的時間也漸漸變多了。在交待子女好好照顧昭華後，十一月三十日，我匆匆趕回台北。剛好，那位天主教的李姓好友來看我，他將我的近況報告了單國璽樞機主教，單樞機是近日熟識的長輩，特別喜歡我，也了解我的家庭狀況。他在聽完我的近況後，告訴李先生：「姚先生早就該受洗，趕快安排教堂，我親自來幫他受洗！」於是就在 2005 年 12 月 7 日，在仁愛堂由單樞機主教和孔神父幫我受洗。因單樞機事前有交待，於我受洗的同時，在溫哥華也請神父到家同步為昭華祈禱。受洗後，冠宇即電告訴我，昭華當時十分激動，淚流滿面，既滿足又感恩！我自己也感覺到受洗後，心靈及思想和以前有了差異。

沒想到才過兩天，冠宇來電說：「媽媽這兩天開始神情不對，講出來的話聽不懂，也不肯吃東西，頭痛次數增加了。」我知不妙，立即交待了手上的事，在 12 月 12 日趕回了溫哥華。

醫生告訴我們：「她已到最後階段，你們可以送她到安寧病房或留在家裡，我們都會提供最好的照護」。雖說安寧病房設備好、

照顧得好，但我豈能忍心在她生命最後階段讓她一人孤寂、痛苦地在那冷清的病房獨熬！我告訴女兒：「我要媽媽留在她最熟悉的地方－家裡！」。

溫哥華的臨終服務真好，次日，病床、點滴架、針藥架、全部用藥（含嗎啡針劑）等全部送到家中，護士到家充分說明使用方法及注意事項，並留下一位護士照護昭華，直至傍晚才離去。接著每天白天都有一位護士在我們家專門照護昭華。

昭華的狀況愈來愈差，嗎啡的劑量愈來愈重，完全無食慾，暈睡囈語。護士也改為 24 小時輪流，她們真的是專業照護，無論工作、態度和語言都是那麼的週到、體貼、有禮，還安慰我們家人要寬心、注意自己的身體、多休息。全家人都知道昭華的時間愈來愈少了，我通知了至親和昭華的兄姐，昭華的大哥也從美國亞特蘭大趕來。親友們的關心、慰問電話及傳真紛至沓來，我要特別感謝所有親友適時地給了我們溫暖、安慰和鼓勵，我突然感覺到親情、友情是那麼的重要。

12 月 29 日，護士告知－就是這一兩天了！下午，我獨自走進我家後面的天主堂，唸完天主經，禱告天主：如果時間已到，我已準備好了，求主派聖神來接吧！傍晚，天空暮色朦朧，樹上寒鴉悽切，室內千絲萬縷，無奈哽噎喉間。護士勸我們大家早點休息，說我們明後日是需要體力和冷靜，她會幫我們好好看顧的。我服下雙倍的安眠藥暈睡。30 日凌晨不到五點，護士叫醒了我們全家，說時候到了！全家人圍繞在昭華床邊，我握著她的手，淚眼看著她呼吸，一個多小時後，由她的眼角流出了幾滴不捨的眼淚，呼吸由緩慢而終止。四十年緣盡！窗前、寒風、殘月、傷離別！主後 2005 年 12 月 30 日，她享年六十有二。

憶 往

1966 年 1 月 15 日，我和昭華在台北天主教聖家堂結婚。婚後，我們赤手空拳，建立了這個家。她是個好妻子也是好媳婦，更是好母親，縱使受到委屈也從無爭吵或抱怨，總是為我設想，對孩子只有愛和犧牲。

1980 年，我們全家移民加拿大，移民的原因很多，但對我和昭華來說，最主要的原因只有一個：給孩子最好受教和成長的環境，這是我們結婚之初就許下的諾言。但未料，守住這個諾言是要付出相當大的代價！

回想當初，把溫哥華的家初步安頓好之後，為了台北未完的工作，留下昭華獨力帶著 13 歲及 9 歲的兒子和女兒，我就趕回了台北。原想花一年的時間，將台北的事情結束後再回溫哥華，沒想到台北的工作不但停不下來，還愈來愈複雜，事情也愈多，絆住了我。結果變成昭華在溫哥華獨挑大樑持家。昭華的愛心和堅忍、勇敢和犧牲是我婚前未曾料到的。

移民後的第二年，昭華試著去應徵當時機場最大的一家免稅商(先是 Cara 後來是 Alders) 公司總經理的秘書工作，居然被錄用了(顯然她從前在農復會擔任秘書的經驗，幫助了她)。從此她又成了職業婦女，這不但填實了她空寂的時間，也減輕了我心理負擔和經濟的壓力。

就這樣，我和昭華隔著太平洋，靠電話維繫著我們的家。我成了空中飛人，每年來往溫哥華二、三次。一轉眼，八年過去了，猛回首，驚覺兒子已讀大三，女兒也讀高三了，我卻失去了陪同孩

子成長的黃金歲月！匆匆忙忙結束了台北的工作，搬回溫哥華。一家四口才恢復成正常的家。

為了我繼續能在溫哥華從事建築事業，昭華辭去了原有工作，考到了房地產經紀人執照，她成了我最得力的助手，不但陪伴我工作，而且也參與我的社交活動，嚐盡酸、甜、苦、辣，也分擔和分享了我的喜、怒、哀、樂。

凝思未來

在溫哥華（殉道聖人天主堂）及台北（仁愛天主堂）同時舉行昭華的追思彌撒後，一切回歸正常，唯我內心無法平靜，夜夜難以入眠。沒有妻子同在的家，已不再是家了，空房獨坐凝思，往事難抑湧現，未來虛幻難測！

感謝昭華在病中仍未雨綢繆、思慮我的未來，一再鼓勵我「你就是應該去做你該做的事情」！感謝天主賜福，台北的「敦南星鑽」仍在施工，我應該繼續按著天主安排的道路走下去！

【感觸與認知】

一、從前總覺得自己滿行的，所有的一切都是自己拼來
　　的，到六十歲前後，才體會到有「命」和「運」，
　　而且都是老天爺安排的。受洗成為天主教徒後，我
　　才知道老天爺就是天主！

二、沒有經過和感受過的事，自己是不會知道的，例如
　　什麼是揪心之痛！什麼是絕望的等待！什麼是神蹟！

三、親情、友情對病中人及其家屬是有期盼和有意義的。

四、為臨終病人奉獻愛心和服務的人是值得我們敬佩的！

五、所有發生在別人身上的困難、痛苦或死亡，也會發
　　生在自己的身上，你會受驚，你會不信，最後一樣
　　要勇敢，平靜面對和承受。

2006 年春末，女兒和女婿耽心我一人在台北孤寂，特安排並陪同我
赴蘇州探望好友吳元照、章壽秋夫婦

第七章
再 生 緣

人，一生戀愛一次，能相親相愛、白首偕老，那是幸福！

因不幸，比一次多了一次，是天主的賜予，我感恩！我珍惜！

孤獨

愛妻 (昭華) 過逝後兩個月，我從溫哥華回到台北公司繼續工作，上班時或與朋友相聚時，心境尚且平靜，但下了班或週末假日，一個人獨處的時光就難熬了，真正嚐到什麼是孤獨！什麼是寂寞！

從前雖然也長期與妻和孩子隔海分居兩地，但從無孤獨、寂寞之感，因為他們真實的「住」在我的心裡，我也確知昭華心裡有我「住」著 (兒女成家後，他們內心當然「住」的是各自的妻或夫)。拜科技之賜，幾乎每天早上或睡前，我和昭華總是利用電話相互慰藉並談談日常生活或工作上的點滴與感受。這些分享讓彼此心裡踏實，也就沒有所謂的孤獨和寂寞了。昭華歸主後，再也沒人會在電話另一端聽我傾吐「垃圾」般的話語，我也再聽不到「Hello! 你在做什麼？」的聲音了。

我深刻體會到孤獨和寂寞就是因為你的心裡沒人「住」或原「住」的人搬走了，你的愛和關心送不出去，你的心事無人回應！

面對孤獨和寂寞，我不知所措，上教堂、望彌撒、彌撒完畢，神父在教堂門口祝福和送別教友，我隨著教友們走出教堂，望著仁愛路上熙熙攘攘的人車，徒感迷茫。想著天主太忙了吧！大概還沒輪到我被照顧，還是利用晚禱時祈求天主指點迷津吧！ (我自受洗後，每天睡前一定晚禱)

每天晚禱，除讀經和感恩外，我會問天主：「主啊！為什麼祢讓我 65 歲受洗，卻又讓我 65 歲時走向孤獨？受洗時，神父說我過去的罪都已洗去，今後我已是個新人，但是未來的路要怎麼走呢？」我也自思、自問，漸漸腦裡有了想法，雖然我已 65 歲，但四肢健全、身體健康、經驗足夠，既是「新人」，就應如常人一樣生活。再想起昭華生前對我說的話，她一定不樂見我無精打采，她一定希望我恢復正常，活得積極和快樂。

緣起

「擺花街咖啡」是一個蠻特別的咖啡館，由一位篤信佛教的蕭先生經營。因為靠近我公司的建築基地，所以我常利用「擺花街」做為跟包商及相關人士洽商或交誼的場所。

一天下午，正和幾位好友在「擺花街」喝咖啡時，進來了一批中年婦人，嘰嘰喳喳地就圍坐在和我們相鄰的一桌。在她們的言談中，數次聽聞「大溪國小」，於是我起身詢問：「妳們是在開大溪國小的同學會嗎？」她們同聲回答：「是啊！」且用好奇的眼神看著我，我說我也是大溪國小畢業的，並說出當時的校長是李謀海先生，她們立即收回好奇的眼光，笑著向我說了聲「學長好！」我亦回了句「學妹們好！」就這樣，認識了好幾位住在「擺花街」附近的學妹，原來她們也是「擺花街」的常客。

一日，獨自在「擺花街」喝咖啡時，蕭老闆手持一張小紙條，走向我說道：「你的學妹鄧玉華動了手術，現在正住院，你可以去看看她。這是她的手機號碼」我謝了他，順手就將紙條放進了外套口袋。

探病

數日後一個週末的上午，茫然地、有體無魂地漫步在忠孝東路上，無意間手入口袋觸及蕭老闆給我的紙條，想想，反正也無事，就去醫院探視手術後的學妹吧！手機接通了，問她在哪家醫院並表達我想去看看她，她先是以小手術婉拒我的探視，後來被我問急了，才告訴我是在花蓮的門諾醫院，動的是腳指小手術。既然那麼遠，心想只好作罷，留下一句「那就等妳好了，回到台北時再請妳吃飯！」而結束了對話。

走著走著就進了金石堂書店，望著書架上的書，看到李家同的《讓高牆倒下》的書，李家同是我非常喜歡的作者，腦海突起一個念頭－何不買兩本書給住院的學妹呢？於是取下了《讓高牆倒下》和相鄰的一本《鐘聲又再響起》（也是李家同著），走向櫃台結了帳。才想到沒地址，書要怎麼寄給她呢？我繼續在騎樓和人行道上漫無目的地走著，路上人來人往，彼此都不知匆匆行人的目標和心事，除了有伴同行者，我見人人都掛著一張苦臉。

回神時，發現已走到敦化北路和民生東路口，抬頭就看見松山機場。看著手上的兩本書，想著寄書不如送書，反正下午無事，飛去花蓮也不過半個小時，於是決定去機場看看有沒有班機飛花蓮。到機場後，果然看到「華信」及「復興」兩家航空公司正有班機飛往花蓮，華信正要起飛，復興還有四十分鐘起飛，於是走向復興航空的櫃檯，可惜已客滿，連候補都登記到 27 號。正想離開時，櫃檯小姐叫住我說道：「別看候補有那麼多人，有機會的，因很多候補的人在華信也登記了候補，等華信起飛後，我們這邊就會空出名額來的，再過二十分鐘我就會叫名字，先生，登記吧！有機會的！」於是，我登記了第 28 號候補名單。過了一會兒，她開始唱名，果然叫到了我，我上了飛機。

門諾醫院

已有二十多年沒來過花蓮了，出了機場，上了計程車，居然不到十分鐘就到了門諾醫院。立即再撥手機給學妹，告訴她，我已到門諾醫院樓下，她驚訝回說：「怎麼可能？」我只好將我眼見的門廳狀況描述一遍，她又問：「你怎麼來的？」我感受到她的意外和緊張，即說：「別緊張！我在敦化北路走著走著就上了飛機，還沒吃午飯呢，我看見一樓有個快餐店，我去吃個簡餐，約半小時後再給妳電話，然後再上病房看妳。」她同意了。

進了病房，首先看到一位六十多歲的太太，經介紹後，知是她的親阿姨。病床上的她先伸出一隻用紗布包裹得像個大粽子似的左腳，看來是個不小的手術。接著，她又伸出和左腳包得一樣的右腳，這景象著實讓我吃了一驚！原來她是因雙腳拇指關節炎變形，去做校正手術。當天下午，我們三人一起聊了很多，得知：

- 她在花蓮出生。已單親十七年，自力把兩個未成年的女兒拉拔長大。
- 她雙親健在，已年邁，住桃園大溪；另有兄弟三人，均有家業。
- 此次決定利用次女出嫁後的時間，處理久纏雙腳關節的困擾。
- 決定到花蓮做手術是因阿姨是門諾醫院開刀房的資深護士，另因與她親如姐妹的同學就住花蓮，家有空房及菲傭，願照顧她。

當天下午在她病房聊得很好，黃昏時她特別電請她的同學來醫院，帶我去花蓮市區吃了晚餐，再送我到機場。

國泰醫院

我們開始用手機和簡訊保持聯繫。兩週後,她比原定出院日早了兩天出院,由她同學接回家休養。週末,我再飛花蓮探望,注意到她右腳傷口上方留有瘀青,但不便探究。

回台北後的第三天晚上,我在國父紀念館廣場散步時,打了手機給她,想問候並聊聊。不料,她告訴我昨晚右腳傷口大出血,大家都嚇壞了,叫來救護車,緊急再送門諾醫院,重新處理傷口後再回林家。瞬間,想起她右腳傷口上方的瘀青,內心感到強烈不安,力勸她快回台北複診。她猶豫一陣後,同意了,並指定掛國泰醫院骨科吳德洋醫師的門診。

看吳醫師的前一天,我先飛花蓮,把她接回台北並送她到她的自宅。第二天,再去接她到國泰醫院就診。一進診間,吳醫師把她從頭看到腳,說道:「鄧玉華!妳動這麼大的手術怎麼沒有來看我?」經我們解釋和說明後,接著吳醫師開單要玉華先去照X光,又交待護士「兩隻手也一起照!」出診間後,玉華告訴我,原來十年前就是吳醫師幫她做手的手術。

再回到吳醫師的診間,當我看到螢幕上的四張X光片,我愣住了,兩腳各有一支鋼釘,兩手腕也各有一支鋼釘。吳醫師看過X光片後說:「手還好!」吳醫師接著剪開右腳的石膏仔細檢查,抬起頭即對我們說:「馬上辦理住院!」並交待護士安排下午第一刀。

我替玉華辦了住院手續,在各種必要的同意書上也簽了字,當然我也就知道她是被「類風濕關節炎」嚴重傷害了十幾年的患者。

在等進入開刀房之時，我對她說：「現在妳總得告訴我，必要時，我可以聯絡妳的哪一位親人及電話了吧！」。於是她拿起手機，撥給了她的大女兒，告訴她現狀，並要她立即到醫院來找我。停了一會兒，她看著我說：「現在你什麼都知道了，可以『腳底抹油了』！」我笑著回說：「天主已安排我到了這裡，字也簽了，妳放心吧！我不會走！」。不久，她就被推進了開刀房。

天主的安排

在家屬等候室裡我靜思回想：這樣一個長期受病痛困擾的弱女子，是怎樣把兩個女兒帶大成人的，一定吃了不少苦。我喜歡她的親和及笑容，欣賞她的灑脫和包容，但卻沒有想到，她笑容的背後藏有痛苦，她灑脫的裡曾有過辛酸，她隨和樂觀卻面對著不知的未來。

靜思中，天主好像正對我說：「你不是怕孤獨和寂寞嗎？你不是怕愛和關心送不出去嗎？現在，我幫你安排了一個最好的伴！她需要你，你需要她！」感謝天主！祢沒忘記我！

手機響了，她的大女兒到了，這是我們第一次見面，我簡述了她母親的近況和病情，並告訴她不要擔心，我會照顧她母親的。當然，她還不知道我究竟是誰？

吳醫師走出了手術室，告訴我們：「手術順利，打開傷口，那是一個『腔』，內有污血，看到有一動脈血管尚未封口，現在已封好並清乾淨了，應不會再有問題。住院觀察兩、三天，如果沒有問題，就可出院。幸虧你們今天來，若晚個半天或一天，恐怕會引起骨髓炎！」。感謝天主！祢救了玉華！

三天後，玉華平安出院了。這陣子，我工作之餘常跑她家，雖然她有幾位好同學陪她，但因玉華術後雙腳的不便，還是有許多事情需要幫忙，週末也常開車接送她回桃園大溪老家，認識了她的家人，對她和她的家人也了解得更多了。

她在 36 歲那年得病，但因兩年多的誤診，遊走於各大醫院，吃盡苦頭，直到 39 歲時才在台北榮民總醫院確診是類風濕關節炎，開始使用藥物控制，但手指，手腕、手肘關節都已嚴重受損。類風濕關節炎是一種因自己身體的免疫系統過於敏感而攻擊自身關節，造成關節腫、痛、變形及損壞的疾病，現代醫學尚無治癒的方法，只能靠止痛、消炎、類固醇及生物製劑等藥物控制病情。

母喪

就在玉華雙腳拆除石膏後一個多月的一天 (2006 年 7 月 10 日) 下午，我接到兒子從溫哥華打來的電話，告知母親過逝的消息，心中一慄和抽搐，又一個最親的人離我而去，再也聽不到母親的叮囑！隔天，我就飛回了溫哥華。

母親當然是我最親的人，更是我從小到大最重要的依靠，她的慧黠巧思、慈悲愛心和勤儉持家一直是我們家三代的核心。三年多前先父過逝，母親雖傷感孤單，但仍有四弟及菲籍看護同住，還有住在附近的兩位弟弟常去陪伴和照顧，總以為還能安享幾年，未料此次急診入院，竟成天人永隔！在她臨終前，未能隨侍在側是我最大的遺憾！我清楚地知道，自小到老，我享受到父母的恩和愛如山似海，我為人做事的原則和態度、生活上的知識和技能，均源自父母的影響與傳授。至今我每日晚禱時，都會思念和感謝父母給我的點點滴滴。

辦完母親喪事，在溫哥華停留了一個多月，因台北建案「敦南星鑽）」還在施工，九月初，我再回到台北公司上班。此時，玉華的雙腳已可行走了，生活也漸趨正常。

2006 年 7 月，三代家人攝於溫哥華家中

存我心中的父母親

胃出血

十月中旬的一個週五，晚餐應酬拖得較晚，睡前即感胃部不適，而後漸痛，半夜胃絞痛不能成眠，天剛亮立即衝進住家對面的國泰醫院急診室，剛躺在病床上待醫生檢查時，突然上吐下瀉，而且都是紅色，顯然是胃出血。急診處的醫生立即做了插管和吊點滴等動作，然後說：「已通知腸胃科醫師，約九點鐘會到。你應該通知家人來照顧！」想想，我並沒有家人在台北，於是我寫了

簡訊給玉華：「我在國泰醫院急診室，需要家人照顧，這次輪到妳了！」約半小時，玉華就趕到了，看到我的狀況，當然嚇了一跳。

就在等醫師做胃鏡檢查前，我的手機響了，但我因插管無法接聽，玉華自然就替我接了。原來是兒子 (冠宇) 從溫哥華打來的，她也就將我的現狀告訴了冠宇。做完胃鏡檢查，醫生說：「胃壁有幾條裂紋，但不嚴重，雖仍有滲血，吃藥、打針後應會漸漸停止出血。檢查後，再觀察四小時，如不痛，不再出血，就可帶藥回家了，三天後再回診。」果然，當天傍晚，我就出院回家了。

第二天，冠宇再來電話，表示他要飛來台北陪我。當即我告訴他：我的病情不嚴重，生活還可以自理，況且還有玉華阿姨照顧，請他和溫哥華家人放心！當然，也簡單介紹了玉華和我的現況。從此，溫哥華親人都知道我身邊有了玉華的陪伴！

緣定

畢業 54 年後 (2006 年秋)
與玉華攝於我們母校
(桃園大溪國小)

玉華和我之間的了解與日俱增，我們的感情也與日俱深。每次見面都有講不完的話，她說她的過去，我說我的過去，鉅細靡遺。週末常和她一起回大溪她的老家，除了享受她母親親自下廚做的豐盛晚餐，也和她大哥一起陪她父親打八圈衛生麻將。得便，我們也重遊大溪國小、大溪公園、大溪老街和石門水庫等。

人生的事實難預料，誰會想到搬離大

溪五十三年後的我，居然會每週駕駛在台北和大溪間的高速公路和大溪後山的路上。更有趣的是，後來知道長我兩歲的家兄曾在1962年助玉華的姨丈陳義樹先生競選選上大溪鎮第五屆鎮長，玉華的父親也在大溪鎮公所任職，直至退休。

時序已漸近年末，聖誕佳節將臨，又將是與家人歡聚的時節，今年是我一人回加拿大，還是帶玉華一起回溫哥華與家人相聚呢？感受到親人想見到玉華的急切與好奇，想到我們倆應如何向親友相互介紹彼此，還有我們之間的感情、責任和法律關係等。在討論後，我們做出了正向的決定，而且認為，我們都已近「黃昏」，當然越早完婚越好。

天主的恩典

接著面對的問題是－玉華原皈依星雲大師是佛教徒，我是由單國璽授洗的天主教徒，在婚姻的形式和教規上是有一些問題的，為了擺開這些困擾，我們準備去法院辦理公證結婚。然而，每週自教堂望完彌撒回來，孔神父（義大利籍）呼喚教友「告解」之聲一直都停留在腦海裡，想起孔神父心裡就感不安。他知道我的狀況，了解我的家庭，昭華（前妻）在台北的追思彌撒也是他主持的。如果我再婚，將來要如何面對他和教友們，經過兩天猶豫後，決定打電話給孔神父，告訴他我要「告解」。

在告解的前一天晚上，我和玉華去國父紀念館聽了一場由星雲大師和單國璽樞機主教進行的演講「大師對談」。這場演講給了我們很大的啟示和影響。兩位大師感情很好，彼此以兄弟和哥們相稱，演講中不但講到宗教的本質和存在的意義，更闡明宗教應互相尊重和友愛。

「告解」那天，孔神父花了一個多小時聽完我的故事和意向後，說道：「恭喜你找到新的人生伴侶，但是有點麻煩，而且你不可以去法院公證結婚，你一定要在天主堂結婚！」我回說：「就是知道有點麻煩，而且我要趕在農曆年前完婚，然後要回溫哥華會親友，所以才要去法院公證結婚。」孔神父接著說：「這我知道，但你不要急，讓我想想辦法，相信天主一定會給我們一條路走！你先回去，我會打電話給你。」

第二天，接到孔神父的電話，希望我能帶玉華到教堂，他想和她單獨談談。翌日，在仁愛堂孔神父和玉華談了約三十分鐘，對我說：「沒有問題了！」原來孔神父是想知道玉華是否真心要和我結婚，而且是否願意－「在尚不了解天主教教義之前，先受洗成為天主教徒，接著就可以在天主堂舉行婚禮，明年從溫哥華回台北後再補上慕道班的課」。也許是受昨晚「大師對談」那場演講的影響，也許心中有「愛」，玉華喜悅地同意了！感謝天主！祂真的為我們特別開了一扇門！

於是，2007 年 1 月 26 日這一天，孔神父為玉華受洗，她皈依了天主，聖名 Anna。緊接著，2 月 1 日在仁愛堂，孔神父為我們舉辦了婚禮，那年，玉華 55 歲，我 66 歲。我們邀請了在台的親友來參加婚禮，昭華的大姐和她的家人也都參加了這次婚禮。這裡，我要特別感謝仁愛堂的蕭蘭芳姐妹和楊世華姐妹，她們兩位為了玉華受洗和我們的婚禮提供了許多幫助。蘭芳不但幫我們佈置教堂和插花，還特別訓練她安親班的小朋友扮成天使，在婚禮中唱聖詩，增加了婚禮的溫馨氣氛。

退休

我公司在光復南路投資興建的「敦南星鑽」，適時在 2006 年底

竣工，我在頂樓保留的那戶住宅也剛好裝修完成，順理成章成了我和玉華婚後的新家。

2007 年 2 月 13 日，我帶玉華到了溫哥華。我在溫哥華的家人和親友很快就認同了玉華的隨和與親切，不但接受了她，而且和她相處愉快，孩子們更慶幸老爸身邊有良伴照顧，大大地減輕了他們原對老爸的擔憂。

位於光復南路
32 巷的

在我們停留溫哥華的一個月裡，除了會見親友和認識環境，也到附近的許多景點旅遊。溫哥華是一個非常適合居住的地方，氣候溫和、四季分明、風景優美、有山有水、文化多元、治安良好，曾多次獲選為全球最適合人類居住的城市。我相信玉華會喜歡這裡的。

3 月，我們回到台北，我繼續在我的建設公司上班，玉華持家，同時每週二晚上到仁愛堂補上「慕道班」的課，週末則固定回大溪陪玉華父親打衛生麻將並聚餐。2009 年初，我結束了公司業務，正式退休。當時想既已退休，是否就應搬回溫哥華，因我的親人都在溫哥華，但是後來考慮到玉華的情況剛好相反，她的親人全在台灣，父母都已年邁，玉華又是她們唯一的女兒，似不應拆散他們。至於我自己，兩邊的生活都習慣，也都有朋友，無論留台灣或回溫哥華過退休生活均宜。再說，為防治玉華的類風濕關節炎變化，持續在國泰醫院看診取藥 (含針劑)，已是生活中的一部份了。權衡後，決定留在台北過退休生活，每個週末還是一起回大溪玉華的老家。

2007.1.26 玉華受洗為天主徒

玉華受洗後與神父及親友合影

在仁愛天主堂由孔神父為我們證婚

婚禮後與親友合照之一

婚禮後與親友合照之二

▲婚禮後與玉華長女全家合影
◀攝於婚禮後

返溫哥華與家人餐聚大阪鐵板燒

婚後玉華首返溫哥華家

婚後返溫哥華會家人

玉華的姐妹姐妹淘

2007 年
與賀聖輔、賀鳴笙夫婦
在温哥華餐聚

2007 年 11 月與玉華父母
攝於台北

| 2007 年 11 月與玉華家入攝於台北

旅遊

退休後，在台北主要的義務工作之一是幫助教會協調仁愛堂的都更改建工作，這是一個非常複雜和耗時的工作，直到今 (2019) 年仍在進行中。其他，還有一些顧問性的雜項工作。這段期間，我們也常去各地旅遊，我們去過九寨溝、桂林、蘇杭、上海、長江三峽、重慶、香港、黃山、日本和台灣的花東及鵝鑾鼻等地。我們每一、兩年會飛溫哥華與親友相聚一次，孩子們也常到台北來探望我們。

遊黃山那年 (2015 年 9 月)，我 75 歲，那是我最愉快的一次旅遊。黃山是中國名山的代表，有「天下第一山」之稱。以奇峯、怪石、美松、雲海出名，山上霧去雲來、變化莫測，真是如詩如畫。此次因有冠宇、冠如專程從溫哥華回台與我們同遊，我真的享受了一次兒、女重歸身旁，讓我有可依可靠的心理滿足（因他們婚後，自然地將愛心多關注在自己的家庭），我也在他們的簇擁和鼓勵下，登上了黃山的「光明頂」。

2007 年 9 月與顏文隆同舟於成都佛山

2016.1.8. 與月廖勝國、陳文森攝於顏文隆的新辦公室

2007 年 9 月參加好友顏文隆的公司旅遊 - 攝於四川九寨溝

2008 年與張美夫婦及閻乘文夫婦攝於台北

2009 年 8 月由 Whistler 搭水上飛機回溫哥華

2009 年 9 月於韓國首爾會玉華次女女婿與親家

2011 年春冠如陪遊長江三峽

2014 年在台北家中
跨年聚會

2011 年夏冠如和 BON 同遊 Okanagan Lake.

2015 年 9 月與冠宇、冠如登台北象山

2015 年 9 月與冠宇、冠如遊基隆和平島

2015 年 9 月與冠宇、冠如同遊大陸黃山

2015 年 9 月登黃山之一

2015 年 9 月登黃山之二

回溫哥華定居

年過了 75 歲，考慮到以後如長住台北，遠途旅行的機會將漸少趨難，興起了北美遊，同時探望居住在北美親友的想法，為免日後見面不易。故 2016 年 2 月 29 日，從台北出發，以溫哥華的家為基地，再去紐約、堪薩斯、洛杉磯、拉斯維加斯及大峽谷等地旅遊會親。

◀ 2016 年 3 月
遊紐約世貿大樓遺址

▶ 與大哥大嫂堂妹堂妹夫 2016 年 3 月攝於美國 Wichita

在堪薩斯大哥家中聊天時，談到今後我應長居台北還是遷回溫哥華養老的問題，大哥力勸搬回溫哥華，究竟我最親的人都在溫哥華，越老越應靠近親人而居住，因最終總是要有親人來做最終的事。在和玉華討論時，雖然感受到她有對遠離家人的不捨，但她

還是同意了，因為我們相信靠發達的現代通訊工具，一樣可以舒緩對遠距親人的關心和思念，更確信她在台灣的三兄弟一定會照顧好她年邁的父母。回到溫哥華，我又再一次徵詢了兒女的意見，孩子們也一致贊成我們回溫哥華。於是，我和玉華做了這個重要的決定─搬回溫哥華。

為了保有小家庭的各自空間，我們決定另購居所。就在尋覓房屋的某天晚上，我在樓梯上跌倒並滑落至一樓，還好無傷！驚魂甫定，似有天主的警語在耳邊：「老先生！老了！別買有樓梯的房子吧！」第二天起，我們只看生活機能方便地區的電梯公寓，很快就選訂了一戶位於 Richmond 市中心一棟大樓的第七層公寓。我們喜歡它的方正和格局，有四房兩廳雙衛，又是面向安靜的角間，不但雙面採光且都面迎美麗的屋頂花園。簽約後，房屋的過戶手續和裝修工作都交待給冠宇代為執行，我們就安排回台行程並開始辦理玉華的依親移民手續。

我們要搬回溫哥華的事並未事先告訴玉華父母，想起老岳父還殷切盼我們回去陪他打牌，內心甚感歉疚與不安。正當我們商議著回去要如何向她父母說明時，接到玉華大哥從台北的來電，告知她父親急病住院，好在我們正安排返台行程。為了想順道探望玉華嫁在韓國首爾女兒的一家人，我們選擇了能經首爾並停留二天再回台北的韓航。4 月 15 日，在飛機降落首爾機場前的一個多小時，我突然有感地向玉華說：「妳要有心理準備，依妳大哥在電話中所說老爸的病情，我感覺我們可能見不到他老人家最後一面！」。沒想到，飛機落地後，剛和來接機的女兒見面時，打開手機，Line 上已顯示玉華大哥傳來的訊息─老爸已在一個多小時前過世，享壽 96 歲。

辦完她父親的喪事後，我們開始辦理、整理和結束在台北事務及

有關遷移往加拿大的各項手續和工作。主要有售屋、財務、文證證件及安排國際搬家公司等。每項工作都複雜、繁瑣、費心，但卻出乎意料地順利，感謝天主，在六個月內，所有工作竟都完成了。2016 年的 11 月，我們就搬進了我們在加拿大 Richmond 的新家，同年 12 月 14 日，玉華亦取得了加拿大的永久居民身份。

現居公寓之客餐廳

現居公寓東面之屋頂花園

現居公寓中之一角

現居公寓北面之屋頂花園

2016 年 3 月攝於現居公寓隔巷之社區公園

感恩

我很快就再適應了曾住過十幾年的溫哥華生活，玉華也認識了許多我的老朋友，並進入政府辦的新移民班，學習英語及認識加拿大。在子女的孝心和親友的熱情中，我們得到太多關心和幫助，舒緩了老年的不安。但我知「天行健，君子應自強！」，每個人都有自己的工作和生活，照顧好自己，不增加親友的麻煩，才有親情、友情和自尊。世上鰥、寡、孤、獨知多少？願皆有所「伴」！

感謝天主安排昭華陪了我四十年，又安排玉華與我結緣同行。我珍惜！我感恩！相信我們一定能守住結婚時，面對天主的誓言「無論疾病還是健康或其他理由，我們都要彼此相愛、照顧、尊重、接納，永遠忠貞不渝直至生命盡頭！」

書房窗外的銀杏黃了

2017 年聖誕節

2018 年溫哥華台商之夜前

2019 年 7 月‧22 位溫哥華台商會前會長餐聚後合影

【感觸與認知】

一、愛是雙向的，單向的愛是一種關心、安心、難生情；
　　只有雙向的愛才能解孤寂。

二、失伴、喪偶人常有之，覓伴、重拾幸福者亦多。端
　　視緣分、心態和對愛的認知及感受而定，因為愛含
　　有了解、喜歡、關心、照顧、陪伴、尊敬、包容、
　　扶持、犧牲 ....。

三、人無不老，不論男女，老要老得有尊嚴、氣質、優雅。
　　若是個邋遢老人，自顧都厭，豈能寄望別人愛你！
　　整理好自己，讓老伴愛你！

四、世間無完人，當你看別人時，別人也在「讀你」；應
　　看人之長、思己之短、記人之恩、助人之難。

五、老年夫妻就是伴，二人靜坐無語，亦勝一人孤寂。

六、年老時，自然地和親人相聚的頻率會較高。

2009 年 8 月·兄弟妹六人

2019 年與住溫哥華弟妹
攝於家中

2020 年冠宇生日攝於家中

2020 年 10 月女兒與孫兒同日生日攝於家中

玉華次女全家幅 (2020 年 12 月攝於首爾)

第八章
信仰與愛

信仰

「信仰」一詞有兩個意義：一、是指對超自然事物（如上帝、神）的完全信任、敬慕和依賴。二、是指對一種思想和狀態（如政治、儒學）的確認並影響其行事。不能說「信仰」是理性或非理性，因為「信仰」是抽象的，人類的知識及科學尚無力證明或推翻它的對或錯，但「信仰」長遠以來確實一直支配著人類的活動。

「信」是個很有意思的字，它可以解釋為真實不欺，如信物、信實、信用、信任和信心等；也可解釋為放任隨意，如信口開河、信手拈來、信筆揮毫等；「信」也可做為動詞，如信不信由你、怎麼信由你、信什麼由你。

年少時，我對宗教信仰完全沒有概念，雖然常進出寺廟、教堂，聽過和尚或牧師講道，也看過有關佛教和基督教的書，但仍似懂非懂、懷著敬神畏鬼之心，趨善避惡，因善有善報、惡有惡報，知道宗教基本上就是勸人向善。

隨著年紀的增長，我認知到這個世界沒有那麼簡單，亦非一切都是「應該的」、「自然的」。人從哪來？天地萬物從哪來？地球、宇宙這麼美好，千變萬化又有規律，怎麼可能沒有設計和創造者！生物還有命運，生、老、病、死由誰掌管？一定有管理者。是誰在掌握著這「設計、創造和管理」的工作？這些問題，我早已被孩子、學生和我自己問到詞窮。

漸漸發現周邊的人都有信仰，有的信佛，有的拜媽祖、關公，也有的信耶穌基督，還有無神論者，尊重自然、奉守儒家、憑良知行事，這也算一種信仰。

天主的恩澤

我雖接觸過各種宗教和不同信仰的人，各有不同的理論和法則。有吸引我認同和趨往之處，也有讓我猶豫和止步之點。直到和昭華交往後，感覺我似早已在天主的愛中。約百年前，家母就在南昌市基督教的葆靈女中受教，我也在基督教的育英中學開竅而改變了人生。昭華本姓徐，徐家是天主教家庭，她自幼受洗。從她大姊處得知：他們原是徐光啓的後人，老家住上海高橋，有數百年歷史。

十六世紀初，徐光啓在明朝崇禎帝時，任禮部尚書（相當於現代的教育和外交部長）、拜東閣大學士，入閣為相。當時他就從西來的神父手中翻譯而留下了許多新的知識與科技，如幾何、物理、化學、測量、水利、曆法和農技等。他（聖名：保祿）更獻出大片土地供天主教建教堂、辦學校、設孤兒院等。這片土地就是今日上海的徐家滙。

雖然昭華自幼就是天主徒，但她從未給人那種「教徒」給人的壓迫感，偶爾會要我陪她上教堂望彌撒，有時會講些天主教的故事給我聽。倒是她母親曾嚴肅的告訴我：「你們一定要在台北市天主教聖家堂的本堂結婚，否則就不要結婚！」（依當時聖家堂的規定，唯有新娘和新郎都是受洗的天主教友時，才能在本堂結婚。如只有一方受過洗，則只能在旁邊的偏堂結婚）。這顯然是為難了我，好在，我請一位育英中學的同學（他是聖家堂的教友）幫忙，他帶我去見了聖家堂的艾神父（義大利人），和他聊了一陣，看來神父還滿喜歡我，對我說：「只要你答應我，將來你一定會受洗，我就同意你們在本堂結婚！」我快樂極了，當場答應將來我一定會受洗。於 1966 年 1 月，我和昭華在聖家堂本堂由艾神

父證婚。婚後，忙工作、忙事業、忙家庭，沒想到一拖就是 40 年。這期間我總是在遇有不順和苦難時才會想起天主，但祂卻沒有拋棄過我，幫我多次、救我多次。直到 2005 年，由樞機主教單國璽在台北仁愛堂幫我施洗，才完成了當初對艾神父的承諾。

從前在生活和工作上常以為得貴人之助，現在回想起來，其實這些貴人都是天主安排來幫我的。我知道在我生命中，靠箸天主的護祐，多次避凶得吉：

－ 出生時，沒有呼吸，天主給了我第一口氣！

－ 七歲，大腿深部發炎，快要截骨時，天主送來新發明的盤尼西林！

－ 天主讓我父母送我去教會辦的育英中學讀書而轉變了我的人生！

－ 天主讓我去屏東農專與昭華結緣，共創人生，她陪了我 40 年！

－ 29 歲時，騎機車，後面坐著懷孕的妻子，前面坐著三歲的兒子，發生車禍，天主護祐！全家無傷！

－ 1981 年 3 月 22 日搭遠航飛高雄，因貪睡，改早班為午班，竟避過了早班的意外空難，天主真的救了我！

－ 65 歲，昭華蒙主召後，我陷入低潮。天主大發慈悲，又安排玉華來和我彼此為伴，帶走了我的孤寂！

我真心誠意感恩！受洗後，在家中設了一個小而可愛的祭台，方便玉華和我每天的祈禱。祈禱就是一般人說的禱告，基本上就是舉心向天主說話，表達我們的心意、讚頌、感謝、道歉和求助等。祈禱有安定心靈、平衡情緒、引人向善的功能；常在祈禱後，會感受到我們的耐心和毅力增強了，我們的理智也常受到指引和啟發，會有新方法解決問題、突破困難。十幾年來，玉華和我常在祈禱後，領受到有天助之感，祈禱也曾幫助我們舒緩過不定的心

情、調整過多次行事方向，也解決過許多難題。其實「祈禱」和我們《大學》中的「定、靜、安、慮、得」有異曲同功之妙。

常有親友對我說：「你真好運！還沒有受洗前，天主就照顧你了。」我同意！記得單樞機主教有個朋友（莊醫師）曾問他：「我至今仍不是天主教徒，也不會祈禱，天主會照顧我嗎？」單樞機回說：「天主不但聽，也在看。你每天在公園當義工，撿垃圾就必彎腰，種樹苗就需跪在地上，這都是敬天的表現。你還參加義診，照顧弱勢。《聖經》上有段經文說 凡為我最小弟兄做的，就是為我做的。只要你持續保持善念，做善事，天主必聽得見、看得到的。」這不正是我們常說的「人在做，天在看！」嗎？世上哪有老天不知的事！這個「天」就是我心中的「天主」啊！

這麼說，是不是就不必受洗，也不用上教堂了呢？我認為受洗就是取得天主發的「證書」，有了「證書」，就有了依靠，不也就有了祈禱的對象嗎？內心踏實平安許多。上教堂則有如開車上路，要看路，要守交通規則，不然會失去方向和迷路的。但天主最後還是要看你是否有「堂堂正正做人、規規矩矩做事」以及是否「存善念、做善事」。自我受洗後，我就只管「好好做人！做事！」其他都交給了天主。這就是我的「信仰」。

天主教

別人看我，總認為我是個有科學觀、不信鬼神、很有自信的強人。所以當我 65 歲受洗為天主徒後，許多親友甚覺訝異，好奇的問我許多問題，我願在此，將常被詢問之事，以問答方式，將我所知簡要的分享讀者。

一、什麼是天主教會？

天主教會乃耶穌基督在升天前，挑選了十二使徒所成立的教會，並指示他們世世代代去向全世界傳道。他們的領袖稱為「教宗」，從公元 33 年起，首任「教宗」是聖彼德 (St. Peter)，至 2013 年，已傳到目前的第 266 任，教宗是方濟各 (Francis)。世界上只有一個天主教會，基本上，天主教會一直遵守著耶穌基督所教導的一切教義、誡命及淨化人靈的聖事在世界各地傳教。

二、「耶穌基督」是什麼？

天主降其子為人，此人名「耶穌」(希臘文 Iesous，救世的意思)。「基督」原是希臘文 christos，意為上帝派來的救世主。二者常分用，合用就是「救世主耶穌」的意思。

三、基督教和天主教一樣嗎？

二者本是同根生，用同一本《聖經》，基督教是在十六世紀初，因部分傳教士對教義之認定與解釋不同，而自天主教分裂出去的。最初有三派，即德國的路德教派、瑞士的加爾文教派、英國國教。後又因信仰與行事上意見分歧，各自再分裂而產生了更多教會，如美以美會、公理會、長老會、浸信會、聖公會、福音堂等。

四、天主教只信奉和敬拜瑪利亞，對嗎？

不對！天主教只信奉和敬拜天主。因天主用聖靈，經瑪利亞降其子為人，故瑪利亞是耶穌的母親，被尊認為聖母，教友常敬拜聖母並請祂轉求天主，而非拜瑪利亞之物像。

五、人從那裡來？死後往那裡去？

人是由靈魂和肉身結合而成。《聖經》上記載：天主按自己的肖像造了人的靈魂，又用地上的灰土形成了人的肉身，再將靈魂附

入肉身內，便成了有靈性的活人。死後，人的肉身既來自泥土，死後當回歸於土；靈魂既來自天主的肖像，當不滅，淨化後會回歸天主享永生。這完全符合和國人所說：「人命關天」、「一命歸天」、「人死入土為安」、「塵歸塵、土歸土」、「魂歸天國」（魂就是靈魂，原是天主造的；歸就是回去，靈魂就應很快回到天主的國與天主共享永生）。

六、聽說天主徒不燒香、不祭祖，對嗎？

錯！天主教重孝道，鼓勵教友慎終追遠並向祖先上香、獻花、獻果、獻酒表示敬意及感恩。對亡者還有祈禱、守夜。而入殮、出殯、安葬、做七、百日、週年等，都有特別的追思儀式，用以表達生者對亡者之禮敬。

七、受洗過的天主徒死後，靈魂會立即升到天堂嗎？

不會！人死後，沒有大罪的靈魂會先到煉獄裡去做補贖，淨化。所以教徒都有為亡者祈禱、奉獻、行善功等補贖、淨化之行為，以求亡靈盡早升到天堂。天主教還特別訂定每年的 11 月為煉靈月，提醒和鼓勵教友們追思祖先並為亡者祈禱、補贖和淨化。而後基督會再臨行公審，只有補贖和淨化了的靈魂才能回到天堂與天主同在享永生。

八、常聽「瀕臨死亡」邊緣的人及短暫死亡又活了的人說：：他們都看到過或感受過一些異象，可能嗎？又怎麼解釋？

可能！因人是由天主造的靈魂附入了塵土形成的肉身而成（其他動植物也類似），但天主在「給人靈魂的瞬間」，所賦予靈魂的能力和條件上，較其他生物的靈魂優秀多了，例如我們有自由、感覺、思考、情感、表情、創造、發明、自制等，同樣也少給（或說限制）了許多能力，如視覺中我們只能看見部分波長的光，即

紅、橙、黃、綠、藍、靛、紫，但肉眼卻看不見紅外線、紫外線、X 光線等；其他聽覺和記憶等也都有同樣的限制。當人死亡的瞬間，就是靈魂和肉體分開之時，而靈魂從肉體出來後，他已不再是人，沒有了限制，所以他可以看到、聽到和記起人所不能感覺的聲、光和事物。當他的靈魂再附入肉身時，他又成了人，而說出他剛剛感覺到的光景、聲音和事情。

九、加入天主教並不簡單，是嗎？

加入天主教其實很簡單，也很合理。沒有人會要你立即加入天主教或受洗。原則上，你自己（或由親友介紹）到任何一個天主堂，他們都會先安排你上「慕道班」，在慕道班裡有神父和教友對同學的慕道者，講述天主的故事以及什麼是天主教，每週約上 1 ~ 2 小時，完全免費。約在一年之內，如你瞭解了教義和禮儀，願意加入天主教，你可請神父安排你受洗；如你不喜歡，不接受，不加入也沒關係。

十、聽說天主教的「經書」很多，很難讀，是嗎？

就各宗教比較，天主教的經最少，主要就是一本《聖經》。《聖經》記載的都是有關天主的故事和耶穌的話語。看來頗厚，但不用擔心。世界上只有一個天主教，由梵諦岡主教公署總管，早已將聖經中常用的經文分為甲、乙、丙三部分，將聖經摘要列入每週的讀經中，神父彌撒時會花 15 分鐘講解。第一年讀甲部分，第二年讀乙部分，第三年讀丙部分，這樣每三年就幾乎將《聖經》概讀了一遍了。全世界各地的天主堂，每週彌撒的過程及所讀的經文都是一樣的，只是用的文字和語言不同而已。

十一、．天主教的規矩和戒律也很多，很難遵守嗎？

天主教的戒律和規矩，主要就是「十誡」和「四規」。所謂「十誡」

乃指－崇敬天主在萬有之上、勿以天主名發虛誓、守主日（禮拜日）、孝敬父母、不殺人、不邪淫、不偷盜、不妄證、勿戀他人妻、勿貪他人財。既信天主，當崇敬天主。其他各誡就是要求信徒不可「為非做歹」，這不是人本來就應該的嗎？而「四規」是教徒應參加教會所訂節慶，如聖誕節、復活節等...及彌撒、守大小齋及禮儀、領聖體、告解及幫助教會的經費。這本來就是參加任何一個宗教團體，應該遵守的義務，而且這些規矩還可以因個人的狀況而改變或調整。教友的奉獻也都是自由的，教會不會規定數額，也不會勉強。

十二、 常聽聞教會的神職人士有不當行為傷害教友及破壞教會形象！

我們須知主教或神父只有在祭台上，進行彌撒和聖事時才代表天主，其他時間他只是一個在教會裡服務的人，既是人，就有修養好壞和七情六欲的問題，神職人員也很有可能陷於誘惑，做出違背教會及道德的事。他除了會受到教會的處罰，還要接受國家法律的制裁。在人世間，任何人都應遵守法律。我們更應注意－魔鬼常是天使變節而成的。

十三. 常見教友間有爭執、分派或不愉快，為什麼？

其實教友間的爭執常因「愛」而起，都愛天主，大家都想為天主服務，想為教堂服務，想為神父服務。心想服務越多，可能得到天主的愛會越多。為了取得這些服務的機會，可能就會有誤會及排擠。此時就要靠管理者或神父處理，盡量讓教友都有服務的機會。然而有些工作是涉及專長、能力或專業的，不是人人都可以服務的，管理者或神父當然會採適才適用的原則，這本是應有的共識。但教友畢竟還是人，人就有認知和理性上的差異，會因過於自信而產生明爭暗奪的心態或行為。這與教會無關，只要是人間社群恐難避免。

十四、 天主教徒常跪拜，在拜什麼？

跪拜原是人類表示尊敬、恭敬、順從、臣服和謙卑的自然行為，如是被動的那表示乞求或投降。天主教的禮儀中只對天主、聖者、亡靈和祖先行跪拜，但並不強求，常視環境之許可和個人狀況而變，如濕地、硬地或長者及不便者均無須跪下。天主徒不會向物或偶像跪拜的。

十五、可否用科學證明天主創造了宇宙？

人還沒有能力用科學證明天主創造了宇宙，但我也許可用我的一個「頓悟」來說明這個問題。

《聖經》上說：「天主的世界裡沒有過去和未來，只有一個永恆的現在。」我怎麼想都不能理解，明明有年、月、日和四季，現在已是 2021 年了，怎麼可能沒有過去和未來？直到一次我看太空影片時，看到太空人飛離地球，越離越遠，當他回看地球，再望向四周數不盡的星星在浩瀚的宇宙中閃爍，他已脫離了太陽系，地球越來越小。猛然，我頓悟到在那裡真的沒有了年、月、日和四季、只有一個永恆的現在。

註：以上所有問題僅就我知、我思、我悟而答，如涉教義恐未必周全，建議有興趣之讀者應向神父請教。

愛人如己

一般人認為愛就是喜歡、珍惜、思慕、親近和親密的意思（常用做動詞，也可當名詞或形容詞），於是就有了「只要我喜歡有什麼不可以」的錯誤流行。因為你喜歡的未必正確，別人不一定認同，說不定你喜歡的還會妨礙或傷害到別人，別人是不會接受的，你還要用你的愛去「愛人如己」，那更是件可怕的事。只要你用

心觀察，會發現在母愛、父愛、親人間、朋友間藏有許多錯誤的「愛」和「愛法」，也許連他們自己也未必知道的，這錯誤的「愛」和「愛法」，常造成孩子不同的行為和性格，導致親友間產生了不該有的誤解和衝突。

天主教對愛的誡命有兩條：「敬愛天主」和「愛人如己」，並「要人也像天主愛人一樣去愛所有的人」。我們既然相信天主創造了宇宙萬物，是萬物之主，我們當然要「敬愛天主」，但是「愛人如己」就沒那麼簡單了。首先我們要知道「愛」是什麼？要怎樣去「愛」別人？在聖經《哥林多前書》十三章中，就對愛是什麼？怎樣去愛？說得很清楚：「愛是恆久忍耐，又有恩慈，愛是不嫉妒；愛是不自誇，不張狂，不做害羞的事。不求自己的益處，不輕易發怒，不算計別人的惡，不喜歡不義只喜歡真理；凡事包容，凡事相信，凡事盼望，凡事忍耐，愛是永不止息。」這是天主真、善、美的愛。人縱使受洗及祈禱亦難有和天主一樣的愛，只能做為我們修行或追求的目標，能修得多少，那就看個人的福氣。

儒家的「愛」乃基於「人性善」源於「仁慈、惻隱」而推演出「者愛人、推己及人，己所不欲勿施於人」將心比心之境界。而《禮記》中的博愛：「人不獨親其親，不獨子其子，使老有所終，壯有所用，幼有所長，鰥寡孤獨廢疾者皆有所養。」就是「愛人如己」的體現。

我們要「愛人如己」，首先需確認你的愛是否有如天主教導的愛，如不是，你豈不是用你「自以為是」的愛去愛別人！雖然你是將心比心、推己及人，也有仁慈、有惻隱之心，但這會有對或錯及誤導的問題，別人也不一定會接受，你的愛可能送不出去！所以我們還是應該盡力修習、求得如天主的愛，再去「愛人如己」！

還有，你要「愛人如己」前，應先確認你要去愛的人是否願「如己」（就是像你一樣），例如：你愛吃榴槤，但我不愛，因你愛我，也要我吃榴槤，那你的愛就送不出來了。再如，妳喜歡做菜，他不愛下廚，妳因愛而要教他做菜，這也難辦到，因為他不願如妳呀！

朝　聖

「朝聖」應是宗教教徒朝拜聖地或聖跡的一種莊嚴行程和活動，想像中一定很嚴肅，故我從未想要參加過。後來知道朝聖除了主目的之外也伴有觀光旅遊之活動與樂趣。

2014 年 10 月中旬，仁愛天主堂的阮神父告訴我：「教區第二鐸區為各堂神父和傳協會安排在 10 底舉辦一次去日本的朝聖之旅，目前還有兩個名額，我想邀請你們夫妻參加，因為想到這次朝聖有機會參觀很多教堂，也許能從這些教堂的建築設計上得到些啟示和參考，說不定有利我們仁愛堂的都更改建工作。」阮神父他的邀請打動了我，一則我從未去日本認真觀光過，二則有神父陪同朝聖也是我第一次，何況還可參觀許多教堂，故欣然同意參加。

與范神父及阮神父
攝於大阪城

舒婷、世芬和玉華攝
於大阪城護城河邊

這次日本朝聖僅二十餘人，最難得的是有六位神父同行，每天都有六位神父在不同教堂一起做彌撒，真是絕無僅有，主恩滿滿的機緣。這五天的朝聖之旅讓

我留下深刻印象的有浦上天主堂、大浦天主堂、風之教堂、崎津天主堂。

浦上天主堂座落於長崎市，原教堂於 1914 年完工，但 1945 年二戰末，長崎被投原子彈而炸毀，教堂於 1959 年重建，1962 年成為天主教長崎總教區的主教座堂，現在已是長崎市的著名景點。據說當年美軍將原子彈投在長崎浦上地區，大約有 15 萬人死傷。原子彈的引爆點，距離教堂只有 500 米，教堂被徹底摧毀。當時教堂正在舉行彌撒，慶祝聖母升天節，堂內教友全部身亡。後來在浦上天主堂的旁邊興建了原爆資料館，簡明地講解及展覽了原子彈爆炸時的慘狀與經過。資料館對面還有一座和平公園，公園裡擺放著各國捐贈的和平雕像，祈願戰爭愚行從此不再發生。可惜時至今日，世界仍未脫離核戰的威脅。

大浦天主堂在長崎也是很有名的旅遊景點，是日本現存的最古老而具西洋風格的天主教建築。裡面的聖像、聖物都是幾百年前漂洋過海來的，教堂的正式名稱為「日本二十六聖殉教者天主堂」，是為了紀念在

朝聖團攝於長崎大浦天主堂前

浦上天主堂內的小聖堂

於小聖堂彌撒前讀經

神戶六甲山上的「風之教堂」一角

1597 年被殺的 26 位傳教士（日本於江戶時代曾經禁止傳教，甚至大舉殘殺歐美的傳教士）。

神戶六甲山上的「風之教堂」是由當代最知名的日本建築師安藤忠雄設計，他擅長運用清水混凝土作為主要建材，融合光、影等元素極簡設計。從日本到全世界都能欣賞到他的作品，其中風之教堂、水之教堂、光之教堂被稱為為安藤忠雄「教堂三部曲」。而他的第四部也是海外第一座教堂作品「山之教堂」卻選在台灣的阿里山，其自述的原因是：上一代日本人對台灣原住民有著無法償還的錯誤和歷史傷痛，知道日本人曾經掠奪台灣珍貴檜木，運到日本建立一座座神社廟宇，他願意透過神的愛及教堂，化解過去的仇恨，原諒日本人對台灣原住民不公不義的歷史錯誤。

其實台灣早在 1960 年（當時安藤忠雄才 19 歲），在台東就由天主教白冷會錫質平神父邀建築師設計建造東工中學時，便採用板結構設計，外觀用清水模工法，利用自然光影與線條充分配合，粗獷富詩意、簡約且樸質的建築了「東公教堂」。這棟四層樓的建築，不僅是培育青年們一技之長的地方，更承載了台東技職教育的歷史。建築本身的出眾與背後蘊含的歷史意義，早已成為許多教育及建築相關人士、教徒爭相走訪的聖地。

攝於長崎天草崎津天主堂

熊本縣天草崎津天主堂位於一個
淳靜的漁港邊，外觀是雄偉的哥
德式建築，但教堂裡邊是日式榻
榻米與西式的混合安排，教友們
要脫了鞋才可進入裡面做彌撒。
在江戶時期幕府下達了禁教令
後，信徒們依然一直默默地守護
著他們的信仰，成為了「潛伏天
主教徒」，直到明治初期的 1873
年時，基督教禁令終得解除，崎
津潛伏的天主教徒才陸續恢復成
了天主教的信徒。現在的崎津天

攝於京都河原町教堂

主堂是 1934 年，由法國人哈布神父從母國募集資金，委託教會
建築名匠所建成的。

這五天朝聖之旅收穫豐碩，感受到天主無所不在，認識了傳教士

的偉大精神，觀看了各式天主堂，重溫了部分日本歷史，欣賞了日本鄉村風景，也進一步加深了我對日本的印象，並且重新體會日本的文化和人民的樸實。

由同事變家人的秀瑛和春金

第二年（2015）秋，秀瑛和春金邀我和玉華加入她們兩家合組的日本東北賞楓團，因上次日本朝聖感覺很好，我們懷著極高的興緻同意了。於是在十一月初我們又享受了一次和「家人」同遊日本的賞楓之旅。

玩了一天，晚餐後在旅店圍爐夜話

2018 年春節的一次家庭聚會中，我提議：我們家八人中有六人是受洗的天主教徒，兩位慕道者，但從未去過梵諦岡或見識過歐洲的大教堂，實應來次家庭的朝聖之旅，孩子們都同意了。結果在冠宇和女婿 Bon 的精心安排下，八月中旬，我們一家八口真的來了次「巴黎、羅馬、梵諦岡朝聖之旅」。

這次讓我們領略到西

日本楓葉

攝於日本青森

攝於巴黎艾菲爾鐵塔觀景台

從塞納河遊輪上
看艾菲爾鐵塔夜景

Bon 請全家享受正宗法國街角美食

第八章　信仰與愛

17 歲的孫女在羅馬
享受她人生的第一杯酒

走累了在羅馬露天小歇

羅馬街頭

玉華和冠如於羅馬競技場

在梵諦岡松塔庭園
「球中球銅雕」前
與冠宇、冠如合影

方歌德式建築的美侖美奐，見識到藝術巨匠的才智和技藝，由氣勢輝煌和雄偉壯觀的教堂感受到基督徒對天主的尊敬和讚賞；在美術館、博物館裡欣賞到許多珍藏的歷史和藝術瑰寶。梵諦岡那些莊嚴典雅的大殿、巨大穹隆的圓頂、完美無缺的彩色插畫更震撼人心，我們每個人都流連忘返，陶醉沉浸在這宗教歷史的曠世之作裡，滿足了我們一家人「朝聖」的願望。

▶ 羅馬許願池前

▼ 羅浮宮廣場

▲ 塞納河夜景

◀ 巴黎聖母院前

分享與溝通

十年前，在台灣時有位七十幾歲的朋友，他們夫妻得知兒子、媳婦要帶孫子們從美國回來，高興得不得了，連著幾天都在想要帶他們去吃那些好吃的，夜裡二老還討論著應買些什麼讓他們帶回去。沒幾天，大包、小包都買齊了，孩子們也回來了，一家人愉快團聚。

十幾天過去了，二老一直想親近孫子，想聊聊抱抱，卻總是說不上幾句話，有點無奈。那幾天每天都在外面的餐館聚餐，但孩子們讚美之詞卻不多，總是說些什麼在美國也可以吃到這些東西的話，令二老無言。兩週過了，臨行前，老爸、老媽買的大包、小包仍留在桌上，兒子跟媳婦都說：「不要麻煩啦，這些東西我們在美國都買得到！」」二老木然。

滿滿的期望和愛變成了失落，愛送不出去！怎麼會這樣呢？因為缺少了「分享」與「溝通」。假如兒子常向他的孩子介紹爺爺奶奶過去的工作、辛苦和愛心，多說些故鄉的故事；兒子和媳婦也常向父母敘述孩子的成長、學習、興趣和生活上點滴，祖孫之間不就有了話題可聊了嘛！反之，老父老母也不和兒子媳婦溝通，如果事先都知曉了兒子和媳婦的需要，問清了孫子的喜好，一切不就都會很圓滿嗎？

可見分享的重要，分享還有「共有及分擔」的意思，人和人之間，不論夫妻、父母、子女、兄弟姊妹或朋友，分享得愈多、愈深，他們的感情就一定愈好、愈親。沉默未必是金，心思、想法若非隱私當可與親友溝通，避談可能造成誤解，保持距離將趨向疏遠和陌生的。

分享與溝通除了拉近距離，還有一個好處，就是會有腦力激盪的效果，往往對事情有正面的貢獻。一個成熟的人要勇於分享與溝通，也要有聽不同意見的耐心和修養（但是未必要全盤接受）。

「代溝」雖然是時代與科技進步的產物，但也與「分享與溝通」有關，愈不分享愈不溝通，代溝就愈深。親人間常因不願讓彼此增加麻煩或心理負擔而有所「善意的隱瞞」，這要慎重權衡，分享本來就有分擔的涵意，只要親人還健康，而被隱瞞者是會有疏離感的。

大約在十幾年前，台灣訂定每年八月的第四個週日是祖父母節，希望促進祖孫間的互動，讓孫輩多了解祖輩並傳承經驗和智慧，進而培養年輕世代的敬老態度，建構一個不分年齡而共享的家庭及社會。還宣導如何慶祝祖父母節：如打通電話問候聊聊、回祖父母家吃頓飯、拍張合照或全家一起出遊。這固然很好，但如能鼓勵兒子、媳婦、女兒和女婿居於祖孫之間多做些分享和溝通，豈不更有意義。

加拿大也有祖父母節。就在前年的祖父母節，讀高三的孫女和她的學校（天主教辦的 Little Flower Academy）邀請我們去學校參觀及了解她平日在學校的生活。當天的親子活動讓我留下深刻印象，不但愉快，而且還增加了往後的許多話題。同年孫女高中畢業時我們又再去了她的學校。

2018 年祖父母節孫女邀訪她的學校

2019 年孫女高中畢業

【感觸與認知】

一、西方人常說中國人沒有宗教信仰，這是不對的。自古，中國人上自皇帝下至百姓都敬天、拜神，常說「人在做，天在看」、「做壞事會遭天譴」等，這就是一種宗教信仰。

二、宗教信仰是屬個人的事，只要不傷天害理損及他人，應彼此尊重。

三、「言多必失」是指話說多了易產生錯誤。「失言」是指說了不該說的話。但該說不說也是「失言」，一樣會「誤人、害人」。

四、在西方文字裡沒有「孝順」這一字詞，因西方文化鼓勵子女「獨立」，相對，子女也視父母為「獨立個體」，但對父母仍保有深深的「愛和敬」。

中國文化中的「孝順」也是一種愛，其中的「孝」
應做「親愛」解，「順」應做「順從」解。一般「孝」
容易表現和達成，「順」則不易，古人依照傳統及
經驗，為了子女好，會要求子女順著照做；或因年
邁，將自己未能達成的工作及願望要子女去完成，
而產生了「順」。然因時代及科技飛躍進步，老人
的經驗未必能用、知識恐已落伍，故有了「代溝」，
「順」就難產了，解決這問題要靠長輩的學習及晚
輩的分享。

五、一般常說「施」比「受」快樂，因為施方總是比受
　　方容易自覺合理和滿足，但如果受方拒絕了施方的
　　給予，施方會因愛送不出去而有受挫的情傷，除非
　　受者與施者無關，故施與受雙方都應先易位思考。

六、對人敷衍、冷漠、應付、施捨都不是愛，會令人反
　　感；自傲、高人一等和自以為是的言談，別人當然
　　知道，結果反被別人看輕。

七、我們信的是天主或神，並不是神職人員，他們只是
　　一群傳道或傳福音的人，他們間也良莠不齊，有些
　　行為非常值得我們尊敬，有些是披了羊皮的狼，信
　　徒們實應善辨。

第九章
仁愛堂的都更

都市更新從來就不是一件簡單的事，常因法令變更、市場變化、地主的變異、人性的貪婪猜疑等，一拖十幾年，比比皆是。我因還願擔任天主義工，參與仁愛堂的都更改建工作，竭精耗時，至今已逾 12 年。

仁愛天主堂和我的淵源頗深。五十年前，前妻昭華就常帶著她母親和兒子冠宇到仁愛堂望彌撒，前後約三年，後因搬離台北才沒去。直到 2005 年，我在仁愛堂由單樞機主教和孔神父為我受洗、孔神父為昭華辦追思彌撒，又為我和玉華證婚，都在仁愛堂。為回報天恩，我曾在心中許願－今後將以我的專業，做天主和仁愛堂的義工。

2006 年春，一次和單樞機主教談話時中，我提到：仁愛堂在仁愛路的 6 米巷內，建物老舊，若要改建，會因土地使用區分屬「住三」而不能增加面積，並且改建還要自費；如能和後面面向建國南路、連棟的四樓公寓一起與建設公司合建，應最有利的做法，不但將來使用面積加大，而且正門還可轉向建國南路，又無須出資。單樞機聽後回說：「這是個有利教會的想法，你可以去向台北教區的鄭再發總主教建議。」

後來我真的去拜訪了鄭總主教，帶他去看了現場並說明對教會最有利的作法。鄭總主教了解及認同後對我說：「這個想法很不錯，請你先準備一份書面資料，我會安排你來主教公署，在公署的建築委員會上來簡報說明。」過了一個月後，我就在公署的建築委員會上，提出了書面報告。簡報會後沉寂了一年多，直到 2007 年秋，傳出主教公署的建築委員已開始和國美建設公司洽談仁愛堂與鄰地合併申辦都更改建的事。我得知訊息後，亦喜亦憂，喜的是參加都市更新對仁愛堂改建最為有利，憂的是都更會讓仁愛堂改建變得複雜且曠日費時。

2008 年 3 月，台北教區的總主教已是洪山川，他指定孔神父在仁愛堂成立都更小組，收集教友意見並做為和國美建設公司的溝通窗口。一時教友意見紛陳，小組成員熱心收集資料，並和國美建設專案人員溝通協調，真難為了義大利籍的孔神父，他不懂都更和建築，但他一直認真的負責工作。

在與國美協調之初，即知本都更案一定要由國美公司辦理，因該公司已向市府申請了更新單元 (基地) 之劃定，基地共 683.35 坪，三面臨路，地主有五單位，其中國美公司以私人名義買下 208.12 坪 (占 30.46%)、四樓公寓業主 16 人共有 125.24 坪 (占 18.33%)、國有地 248.35 坪 (占 36.34%)、本教區只有 101.64 坪 (占 14.87%) 且在面向 6 米巷之最內角。這段協調期間，最大的成就是和國美公司達成了一個共識——未來之新教堂應面向建國南路，且必須與本案主建物分開而獨立興建。

2009 年 12 月 2 日，國美公司要求公署立即提供「都市更新事業計畫同意書」，因提出同意書的時間，若過了 12 月 3 日，本案都更獎勵容積會減少 2%。但在本教區尚未與國美公司訂定合約前，即提供「都市更新事業計畫同意書」恐不妥當，故於 2 日晚，由金副主教主持在仁愛堂與國美建設公司先簽訂一份雙方同意以都更方式合建之「備忘錄」；次日，主教公署出具「都市更新事業計畫同意書」予國美公司。

2010 年 1 月 6 日，公署之「經濟建築委員會」突然通知仁愛堂孔神父將本案交回公署「經濟建築委員會」自行辦理。不久，孔神父調離，仁愛堂教友無人再涉及本案了。

三年後，即 2013 年 3 月 17 日 (此時仁愛堂已由阮進懷神父接任)，

公署之「經濟建築委員會」派劉工程師到仁愛堂說明本案「都市更新事業計畫案」之核定結果。教友們得知並察覺以下實情：

1、2010 年 7 月 19 日，主教公署與國美建設公司已正式簽訂「都更房地產分配協議書」，並收了保證金之第一次定金 500 萬。。

2、本案之「都市更新事業計畫」已於 2012 年 11 月 30 日，經台北市政府核定公告。

3、所設計之教堂外觀立面完全不像天主堂，內部使用空間不合理，教堂棟與住宅大樓棟之公設及管委會未分開。

4、原有教堂面積登記錯誤，教堂棟與住宅大樓棟結構不應相同。

5、面積計算與估價均不合理。

2013 年 4 月 17 日，阮神父及仁愛堂教友代表在公署與「經濟建築委員會」會議後，洪總主教裁定本案交回由仁愛堂阮神父主導與國美協調以取得共識。

阮神父是位好神父，他有智慧、愛心、韌性和果斷，在他協調的過程中，很快就體會到這件事的多元性與困難度，絕非教友們熱情參與或提供意見即可完成的。他瞭解到本案涉及許多不同的專業和綜合考量，如建築師、設計師、水電技師、估價師、都更顧問、律師及會計師等。在他冷靜思考及排除來自各方的壓力後，他決定尋覓專業人士的協助。

在阮神父和我幾次懇談之後，我感受到他的真誠和對專業的尊重與信賴，我答應和他共同承擔這仁愛堂「變更都市更新事業計畫」的責任和工作。靠著天主的陪伴和安排，曾多次在困難的路口默默祈禱，感受到聖神的帶領，奇妙地完善了變更教堂都更改建計畫的階段性工作。

感謝這一路幫助過我們的許多教友和朋友，特別感謝成功堂教友姜震及馮祥雲的義務協助，兩位都是經驗豐富的建築設計師，新教堂的造型和平面圖、立面圖就是由他們兩位和呂建勳建築師定稿完成的；我也要感謝我的那些專業工作者和律師朋友在幕後義務的協助。還有，在和國美公司多次會議中，仁愛堂前傳協會會長胡舒婷老師的協助和參與。

2014 年 3 月 10 日，與國美公司就教堂棟之平面圖、立面圖、用途及外觀已達成共識－基地上有一個獨立的六層樓教堂，另一為 24 層的住宅大樓。阮神父亦將教堂棟之透視圖和平面圖、立面圖及各層用途均張貼於仁愛堂辦公室的牆上，並在傳協會中說明。至 2015 年 1 月 15 日，就公共設施（如水、電、保全、發電機等）分開和各自成立管委會等事項亦達成共識。

2016 年 4 月 11 日，國美才將新完成全案之「變更都市更新事業計畫及擬訂權利變換計畫書草案」等資料送到主教公署。次日，即依照法定程序，轉交「戴德梁行估價師事務所」進行評估。戴德梁行於 2016 年 6 月 28 日完成估價，並至主教公署會報（仁愛堂有傳協會前任及現任會長等人代表參加），其評估報告書亦於 2016 年 7 月 15 日送交公署。

至此，阮神父應負責協調國美公司處理本案之問題與疑慮，原則上均已圓滿達成任務。2017 年 3 月，阮神父調離仁愛堂，其後續工作即回歸主教公署，由主教公署之祕書長范玉言神父接辦。在范祕書長之信任及懇託下，我繼續擔任本案之義工。

未料，2017 年因政黨輪替，中央政策改變，國產署不同意本案國有地都更後興建住宅出售，要求將其應分得之住宅改為辦公廳

舍，將來供行政院勞動部使用。這個改變造成國美公司剛完成的全案「變更都市更新事業計畫及擬訂權利變換計畫書草案」必須重新來過。於是國美再花費一年多的時間與國產署協調其辦公廳設計相關事宜。

2018 年 6 月 29 日，國美將最新之各層平面圖及面積等資料送達公署。審閱後知原 24 層住宅大樓改為一棟 21 層的住辦大樓，1 至 7 樓為辦公室，8 至 21 樓為住宅，但一樓大門獨立分開。而國美公司原與阮神父已達共識的教堂棟沒有變動。唯地下室係兩棟共用，有部分受到影響。

後經公文協調，雙方同意教會棟電梯加大到 230cm(長) x 130cm(寬)，且地下汽車停車位均增加到 16 位。

2019 年 9 月 3 日，國美將全案各地主均已確認之最新版「變更都市更新事業計畫及擬定權利變換計畫案」連同「景瀚不動產估價師事務所」及「戴德梁行不動產估價師事務所」兩份估價報告書送交本署。

* 註：依都更法規，兩家估價單位均應由國美公司聘定，但為保
　　公正，公署特推薦「戴德梁行不動產估價師事務所」參與
　　估價，國美公司亦欣然接受。

2019 年 11 月初，突然接到公署祕書長范玉言神父電告——他將於近期離職，仁愛堂都更案目前交由公署魏小姐承辦，盼我繼續給予協助。

所幸，全案規畫、設計、分配、估價等都已階段性完成了，並經全案所有業主及地主同意，後續工作均為行政作業及公文處理。

縱使任一方對本案還有意見，在都更後續進程中（還有三次公聽會及都更審議會）仍可提出討論及修改，如屬建築設計之部分修改，亦可在申請建照或施工中要求變更。

政府為保障宗教財團法人之財產免受少數個人之疏忽或操弄而受損，故內政部曾於民國 104 年 6 月 29 日及 108 年 7 月 4 日兩度發文給全國 189 個宗教財團法人規定－參加都市更新計畫，在出具「（變更）都市更新事業計畫同意書」之前，應先將全案不動產登記清冊、都市更新事業計畫書正本、建築設計圖、二份估價師之估價報告（含成本分析、分配面積、價值比例及合理性評估）等資料，備文報請內政部審查，待內政部審查核准後，宗教財團法人才能出具「（變更）都市更新事業計畫同意書」。這是政府保障全國各宗教教徒權益的一大德政。

2019 年 11 月 28 日，國美公司已依法規，將公署應提報給內政部之必要表格、資料及正確內容函送主教公署。公署亦應據此彙整全都資料，備文向內政部呈請審核，如審查通過，核准公署出具「變更都市更新事業計畫同意書」，就等於內政部替公署「背書」，保障了教會。

也許公署在內部程序上，本案尚須經「經濟建築委員會」討論通過後，方能繼續進行。故於 2020 年 1 月 20 日，我應邀在公署「經濟建築委員會」上做了一次全案之簡報，會中僅有一位建築師和一位顧問提出一些與都更程序無關和現階段不急於處理的問題。

簡報會後數日，聽聞台北教區的洪山川總主教將屆齡退休，新的總主教人選尚未確定，洪總主教知道本案還有很長的路要走，欲將本案往後之工作留給下任總主教處理，暫時不會有進度。

文走至此（2020 年 8 月 18 日），台北教區新任的鍾安住總主教剛好上任滿月，教區教務繁忙，署內工作及人事待定，恐一時還不能深入了解本案。願天主保祐！讓已耗時 12 年的仁愛堂都更改建工作早日順利向前行！

至於教友最關心的問題－何時才會有新的教堂？答案是：自主教公署出具「變更都市更新事業計畫同意書」之日算起，如一切順利，還需兩年才能完成全部都更程序，再花半年申請建照及拆除舊屋，建築工期約再三年多，故最快，也要六年後才能見到新的美麗教堂矗立在建國南路與仁愛路口的花市旁！

【感觸與認知】

一 . 政府為保障宗教財團法人之財產免被少數人操弄而受損，規定宗教財團土地在參加都市更新時，應先報請內政部審查核准後，才能出具「(變更) 都市更新事業計畫同意書」。這雖是政府保障宗教團體權益的德政，但宗教財團「要不要報？何時報？」其決定權卻在該財團之董事會，這就有了玩法、弄權的機會。

二 . 財團法人天主教台北教區的董事會是由現任總主教指定數人而成立，這小小的董事會卻掌管了數百億台北教區的資產，這當然是個極不合理的管理系統和制度，太容易受到魔鬼的影響和傷害。若要保住天主的「國」，只有禱告－願總主教能如同基督在曠野裡，受撒旦的試探，與野獸在一起，最終讓魔鬼離開了祂！（路加福音第四章 1~13）

三.都市更新在台灣實施數十年來，成效不彰，法律規章繁瑣，執行困難，一案拖逾十年，已成常態，從中年地主拖到老年，老年地主又拖到繼承。每一個都更案無不勞師動眾，在都市裡此起彼落，要一個都市完全更新，需以百年計。

政府實應拿出魄力，重立新法，考量仿「土地重劃」方式，採大街廓、大面積由政府主辦「加速都市更新市地重劃」，重劃後，除公共設施及公有地外，土地發還民間重建大樓，這樣才能留出大量空地、綠地，分段加速都市更新。

新設計的「仁愛天主堂」

第十章
時代背景摘要

人類是群居的，群居就脫離不了政治，無論你是否參與政治活動，過去的政局左右了我們一生，目前的政局正影響著我們的現在並決定我們及後代的未來。一九四九年至今七十餘年，時移世變，能在台灣了解和觀察到世局中與我們相關的來龍去脈與影響，並趕上 2020 年世界的鉅變，何其有幸！

我雖不是政治家也非歷史學者，但願就我所知、所思，簡要地編列影響我的「時代背景摘要」供讀者回憶及參考。

1840 年～ 1860 年	大約在我出生前一百年，即 1840 年，工業革命後的西方列強，靠船堅砲利入侵中國。當時仍沉睡在農業社會中的大清帝國，開啟了人民遭受欺凌和被奸殺擄掠的時代，民族的自信、自尊開始喪失，國辱民奴的氣壓襲向了中華民族。
1838 年	英國商人將大量鴉片賣到中國，清道光皇帝任命林則徐為欽差大臣，前往廣東禁菸。
1840 年	英國派海軍到中國，保護英商強銷鴉片，因而發生鴉片戰爭。隨英商還有美商也大量傾銷鴉片至中國，如美國第 32 任（1933～1945）總統富蘭克林·羅斯福的祖父沃倫·羅斯福當時就是美國的鴉片大王，他的巨大財富均來自鴉片（但自稱來自 China Trade）。他利用這些財富在美國東北成立了數所至今仍著名的大學。
1842 年	鴉片戰爭清廷戰敗，中國被迫簽訂《南京條約》。除賠款及開放廣州、廈門、福州、寧波、上海供英國通商外，並將香港島割讓給英國。 ※《南京條約》是中國近代史上第一個不平等條約，影響極大，給中國人民帶來深重的災難，開創了列強以條約形式侵略和奴役中國的惡例；中國的國家主權和領土完整遭到破壞，逐步淪為半殖民半封建的社會。

1856 年	英、法、俄、美再因鴉片及貿易引發第二次鴉片戰爭，清廷又戰敗，1858 年簽訂《天津條約》–除賠款外，再開南京、九江、漢口等十處通商並同意外國軍艦和商船可在長江各口岸自由航行及通商。
1860 年	英國再為強銷鴉片，英法聯軍再攻占北京，火燒圓明園。又簽《北京條約》，除賠款及增加天津為商埠，再割九龍半島併入香港歸英國。
1860 年～1910 年	西方列強東進侵入中國的同時，也騷擾到日本，原承襲中華文化的日本當非對手，部分地區和都市遭受侵略，日本大受驚嚇，察覺西方之科技、工業、政治、軍力遠超自己。在短暫的爭議和檢討後，決定全面西化，派出大批人才遠赴歐美學習，仿西方各國更改國內的教育和政治制度、建立現代化工業、改原持刀劍的軍隊為擁槍砲的海陸軍，這就是日本近代史上有名的「明治維新」（約自 1857 年～1877 年）。 雖然西方列強的入侵，也讓清廷和有識之士認識到西方科學及軍事的進步與力量，在國內興起了許多改革和維新的行動，如曾國藩的洋務運動、開始興建槍砲和造船廠、設立礦物局和機器局、建鐵路及成立北洋水師等。但整體環境非常不利，除列強各國來自海上的入侵外，還有邊疆危機…英國從印度侵入西藏，又從緬甸入侵雲南；法國從越南侵犯廣西；俄國從中亞入侵新疆；日本吞併琉球、侵犯台灣。復因清廷保皇派當權，為既得利益抗拒維新派，致改革和新政無力推進。 日本「明治維新」工業化後，已是船堅砲利的亞洲唯一強國，眼見西方列強紛紛蠶食中國，內心焦急，憂本應由日本獨享的禁臠將被列強瓜分，於是決定西進，欲吞下中國東北，首先要占領垂涎已久的朝鮮（即今之南、北韓），當時朝鮮仍為清朝之附庸國，在朝鮮遭受日本進攻時（1894 年），即向清廷求援，清廷不自量力派北洋水師參戰，不到一年清廷慘敗，時逢甲午，史稱甲午戰爭。

次年（1895 年）中日簽訂《馬關條約》：
中國承認日本對朝鮮的控制；割讓遼東半島、台灣及澎湖列島給日本；賠償日本白銀二億兩；增開沙市、重慶、蘇州、杭州為通商口岸；允許日本在中國通商口岸設廠，產品運銷內地免收內地稅。（條約簽訂後，俄、德恐其在華利益受日本影響，出面干預，強烈反對，故割遼東半島改為折價賠款而未被割讓。）

《馬關條約》的影響：

《馬關條約》是繼《南京條約》以後最嚴重的喪權辱國條約，給中國社會造成了巨大的災難，加深了中國的半殖民程度。甲午戰後，西方列強對華侵略加劇，掀起了瓜分中國的狂潮，中國的民族危機空前嚴重。

其後，雖有康有為、梁啟超等續向清廷呈請變法及施行新政，史稱「戊戌變法」，但不到百日，又被慈禧太后推翻。慈禧太后反信了由拳民組成的「義和團」能扶清滅洋，任由義和團毀西人建物、燒教堂、殺洋人和傳教士，至引發了英、美、法、德、俄、日、義、奧（八國聯軍）攻入北京，慈禧太后逃離京城，各國軍隊搶運皇宮及故宮內國寶。次年（1901 年）清廷與八國簽訂《辛丑條約》—創下賠款金額最高再度喪權辱國的條約（允許各國在首都及要塞地駐軍外，還要賠償八國超過四億五仟萬兩白銀，分三十九年付清，年息四厘，直接由關稅及鹽稅償付）。《辛丑條約》是繼《馬關條約》後，帝國主義強加給中國的又一個極其嚴重的不平等條約，給中國帶來了巨大的危害，使中國完全陷入半殖民半封建社會的深淵。

因八國聯軍發生在 1900 年（為庚子年），故此賠款被稱為庚子賠款。窮困的人民在增稅壓力及民族自尊受辱下，對清朝深感不滿，最終加速了清朝滅亡。此賠款自滿清被推翻、中華民國成立後，各國陸續免除或廢止，至 1927 年幾乎已完全撤銷。

中華民國成立

1911 年	孫中山領導之同盟會在發動十次武裝革命後,終於在 10 月 10 日武昌起義成功,推翻了滿清政府,建立亞洲第一個民主共和國－中華民國。次年同盟會聯合其他會、黨,並改名為中國國民黨。民國雖成立,然全國並未一統,而由各地軍閥割據。
1921 年	將青天白日滿地紅旗幟訂為中華民國國旗(但在 1946 年才明訂於憲法中)。
1931 年	日本挑起九一八事件後,即侵占東北三省並成立偽滿洲國。
1937 年	日本駐軍藉口士兵失踪,挑起七七蘆溝橋事件,進一步發動侵華戰爭。蔣介石被迫宣布全國抗日,正式對日宣戰。日本則開始不再掩飾侵占中國的野心,在四年的時間內,日本已占領了中國東面約 50% 的土地。國民政府則以重慶為陪都,繼續艱苦抗日。
1937 年	抗戰開始,日本挾現代化的海、陸、空三軍,稱「三月亡華」本屬可能。幸有蘇聯即時協助抗日才阻擋了日本進攻,包括: (1)軍事援助貸款、武器裝備、軍事顧問、志願者等。從 1937 年 10 月至 1939 年 9 月,中國從蘇聯得到 985 架飛機、1300 多門大砲、14000 多挺機關槍和 2050 輛卡車及其他物資裝備。 (2)蘇聯志願飛行人員加入中國空軍直接對日作戰。1937 年 10 月 22 日,首批援華志願飛行員飛抵中國。到 1941 年底全部奉調回國為止,蘇聯援華志願空、地勤人員總數在 2000 人以上,先後有 236 人戰死。 (3)1937 年 11 月,筧橋英烈高志航奉命赴蘭州接收蘇聯援華的戰機飛至周家口。11 月 21 日,周家口有 11 架日機向該機場飛來。在日機的俯衝轟炸下,高志航剛登上座機就被日軍戰機投下的砲彈炸中而殉國,時年 30 歲,中國最優秀的飛行員就此隕落。

	（4）當時的中國報紙稱譽蘇聯空軍為「正義之劍」，其空軍志願隊，先後參加空中戰鬥 50 餘次，參戰飛機出動超過千餘架次。最著名的是轟炸機大隊長庫里申科少校，他完成了多項轟炸任務，並訓練出大批中國飛行員，於 1939 年 10 月在戰鬥中犧牲，死於長江。另外，戰鬥機大隊長拉赫曼諾夫也為中國捐軀。 （5）至 1941 年，這四年是蘇聯空軍援華作戰最集中、最直接、最重要的階段。其後由於德軍入侵蘇聯，在華蘇軍才撤回本國。
1941 年	12 月 7 日，日本為保石油海上通路，偷襲珍珠港，美國才被捲入了世界大戰。美、英、中成了盟國，中國才大量獲得美國軍事及物質援助，第二次世界大戰全面展開。此後才有陳納德將軍率「美國空軍志願軍成立飛虎隊」投入中國戰場。（這年，我在日軍持續轟炸的重慶誕生。） 1941 年 12 月 23 日，中英在重慶簽署《中英共同防禦滇緬路協定》，中英軍事同盟形成，中國為支援英軍在滇緬（時為英屬地）抗擊日本並為了保衛中國西南大後方，組建中國遠征軍。從中國軍隊入緬算起，中緬印大戰歷時 3 年 3 個月，中國投入兵力總計 400,000 人，傷亡接近 200,000 人。
1943 年	11 月美國總統羅斯福、英國首相邱吉爾、國民政府主席蔣中正三巨頭，在羅馬召開會議，商討反攻日本的戰略及戰後國際局勢的安排，制定盟軍合作反攻緬甸的戰略及援華方案。會後公布開羅宣言—稱此次戰爭的目的，在於制止和懲罰日本的侵略，重申中國為四強之一的地位，載明「日本侵占中國的領土及台灣、澎湖，戰後應歸還中華民國」、「朝鮮於戰後得重建為獨立的國家」。
1945 年	美國在日本廣島與長崎投下原子彈，迫使奄奄一息的日本，在 8 月 15 日宣佈無條件投降，第二次世界大戰結束。戰後估計，中國 14 年抗日戰爭中，中國軍民傷亡 5,000 萬人以上，經濟損失則超過時值美金 5,000 萬。同年 10

	月 25 日，蔣介石派陳毅將軍在台北市中山堂接受在台日軍投降，台灣光復。當時數十萬日籍人士，因工作、資產或姻親關係，未能撤回日本，迫於現實，改日本姓名為漢字姓名，埋下了日後許多台籍人士親日反中的種子。國際上，朝鮮亦恢復獨立為韓國，後來再分裂為南、北韓。在中國大陸，國、共兩黨衝突擴大，轉為內戰。
1947 年	在台灣省因台胞與國軍及省府間之認知、誤解，管理上產生衝突而發生了不幸的 228 流血事件。
1948 年	中國國、共內戰，國軍大敗，中共席捲大陸。 1945 年日本投降時，蔣介石的威望達到頂點（那時候，天安門城樓掛的是蔣介石的肖像），熟料，在接下來不到四年，他就被逼出了大陸。這局勢的快速變化是怎麼發生的？綜合檢討有： （1）抗日戰爭雖勝利，但全國並非真統一，除各地方勢力仍分割存在，共產黨更是乘機快速擴大軍力及占領地。 （2）艱苦取得的勝利和平假象，讓蔣介石過於自信、剛愎，復因望治心切，急於國家恢復正常秩序和建設，鼓勵士兵解甲歸田、文人復原、官派各地或單位。結果是軍隊不解甲歸田，反被共軍收編，亂世中，文人難復原，派出去的官員遭地方勢力抵制，無力施展，反投共產黨者多能有所發揮。 （3）蔣介石長於軍事而非政經，在經濟上靠資本主及財閥，治國則重精英，忽視農民、工人，反之，共產黨則高舉服務農民、工人的旗幟，而擄獲民心。全國的重要城市看似均由國民黨控制，但大片鄉鎮農村卻掌握在共產黨手裡，處處都形成「鄉村包圍城市」之局。 （4）待蔣介石醒悟欲重新整軍經武時，局勢已難收拾－軍力及土地大部分已被共產黨控制，情報戰落於下風，國民黨組織渙散、黨派林立、經濟惡化、貪污腐敗、懲治無力、回天乏術。

中華民國退居台灣

1949 年	蔣介石率政府五院及軍公教人員，約 200 萬人撤退到台、澎、金、馬。這也是其後之 15 年間，軍公教人員絕大多數為外省人的原因。毛澤東則宣布成立中華人民共和國，隔著台灣海峽與蔣介石領導的中華民國對峙。由於大陸有了新的國家名稱，本係中國兩黨之內戰，卻演變似二個「國家」的關係，導致兩岸 70 餘年來難解的政治難題。當時台、澎、金、馬總人口約 600 萬人，物資缺乏，百廢待舉，國民政府遂全力推動改革與振興。教育方面，推廣國語及六年國民教育；經濟方面，推動土地改革、實行「三七五減租」；建設方面，全面修建公共施設；金融方面，則發行新台幣。為防共諜滲透，5 月起全省戒嚴，常為抓一不放過百人，誤殺者眾，史稱白色恐怖。 1949 年 8 月 5 日，美國發表「中美關係白皮書」表示中華民國在國共內戰的失敗，是國民政府本身的問題，美國同時停止了對中華民國軍事援助，嚴重打擊了國府士氣。
1950 年	美國總統杜魯門於 1 月 5 日發表「不介入台灣海峽爭端」聲明，然而同年 6 月韓戰爆發，美國政府驚覺錯誤，立即下令第七艦隊巡防台灣海峽，重新考慮對華政策，決定把台灣納入西太平洋防禦體系，阻擋了中共攻向台灣，亦阻止老蔣的國軍乘機反攻大陸。（美國不願增闢戰場）

* 韓戰概述：

（1）依開羅宣言，朝鮮半島應於二次世界大戰後，恢復為獨立國家，但在接受日本投降時，蘇聯與美國協議以北緯 38 度線為界，分別接受日本投降，而占領了朝鮮半島，在 1948 年又各自協助成立了北韓及南韓兩個政府。

（2）南、北韓均自認是朝鮮半島的唯一合法政府，對整個半島擁有權，都企圖武力統一朝鮮半島，並沿 38 線兩邊各自囤駐軍隊；自 1947 年起雙方頻繁發生小規模武裝衝突。1950 年 6 月 25 日凌晨 4 點，北韓人民軍以反擊南韓侵略為由越過 38 線大舉進攻南韓，此即為韓戰之起點。

（3）韓戰初期北韓佔盡優勢，三日即攻陷漢城（今之首爾），至 8 月，北韓軍隊已抵釜山。9 月 15 日，美軍在仁川登陸，迅速扭轉戰局，北韓陷入不利地位，北韓軍隊即退回 38 度線。

（4）至 10 月 19 日，因南韓及美軍已攻占平壤逼向中朝邊境，同日晚，中國人民志願軍越過鴨綠江，開始激烈的攻防戰鬥。中共志願軍在第一次戰役、第二次戰役、第三次戰役中連續擊敗聯軍，將戰線推回 38 線，並於 1951 年 1 月 4 日攻占漢城。

（5）雙方在 38 度線附近陷入拉鋸戰，持續兩、三年，戰況慘烈。直至 1953 年，各方在板門店簽署以 38 度線為界的停戰協定，宣布停戰。1991 年聯合國同時接納南、北韓均為會員國。

1953 年	政府在台推行公地放領及耕者有其田，基本原則是以政府公權力將公股股票換取大地主之土地，將土地分給全省數以萬計真正耕地之窮苦佃農，這就是台灣小農制及後來大批新地主產生的原因，然新地主之後代享土地增值之利，卻不知其先祖土地之由來。相對的，原來大地主的後代，因失去土地而懷怨，集結為「黨外」，成了日後反國民政府之暗流。
1954 年	1954 年 1 月 23 日，韓戰結束前，美軍所俘共軍中有一萬四仟人因反共不願回大陸而轉來台灣，政府稱之為反共義士，並訂 1 月 23 日為「自由日」。 美國和中華民國政府簽訂《中美共同防禦條約》。 台灣塑化工業始祖—台塑公司在高雄成立（原名「福懋塑膠」）
1956 年	蔣經國調集萬餘軍人及榮工，啓動開通花蓮至台中的中橫公路。同年，政府開始引導由農業轉型為輕工業，鼓勵加工出口外銷。
1958 年	金門發生八二三砲戰，金門彈丸之地，砲如雨下，戰況激烈。後由蔣、毛密使溝通達成維持現況的共識，將金門當成台灣與中國大陸連繫的樞紐，讓金門及馬祖具「臍帶」作用，以保「一中」而漸停火。
1960 年	中橫公路全線通車。越戰爆發。
1962 年	台灣第一家電視台－台視開播。
1964 年	石門水庫峻工（具防洪、灌溉、發電功能）。
1966 年	台灣第一個加工出口區在高雄成立。

1967 年	台北市升格為院轄市。首任院轄市市長為高玉樹（非國民黨）。
1968 年	六年國民教育延長為九年國民教育，初中改為國中。
1970 年	中鋼建廠，趙耀東任第一任總經理。
1971 年	台灣發起保護釣魚台列嶼運動。同年，聯合國通過中華人民共和國為中國唯一合法代表，中華民國退出聯合國。
1972 年	南橫公路通車。日本與中華民國斷交，其後各國陸續斷交，轉與「中華人民共和國」建交。
1973 年	政府以「莊敬自強」與國人共勉，決心建設台灣，發展經濟，推展十大建設（係指中山高速公路、縱貫線鐵路電氣化、北迴鐵路、中正國際機場、臺中港、蘇澳港、中國造船公司高雄船廠、中國鋼鐵公司高雄鋼廠、中國石油公司高雄煉油廠、台灣電力公司第一核能發電廠）。
1974 年	南北高速公路（7/29）台北段至內壢首先完成，舉辦通車典禮。
1975 年	總統蔣介石（中正）逝世，副總統嚴家淦繼任總統。
1977 年	中鋼第一階段建廠完成，開始投產。
1978 年	蔣經國當選中華民國總統。 國道1號南北高速公路全線通車。
1979 年	美國通知與中華民國斷交，廢除《中美共同防禦條約》，美軍撤離台灣。 島內民主、反政府及台獨運動達到高潮。高雄升格為院轄市。 12月10日發生高雄美麗島事件（為黨外爭取全面民主運動之流血事件）。 政府開放人民出國觀光。
1980 年	美國通過台灣關係法。 為台灣經濟未來發展，行政院長孫運璿和經濟部長李國鼎決定建立新竹科學園區，籌設並奠定台灣電子及高科技之基礎。

1984 年	中華民國以「中華台北」之名重返奧運，並參加 1984 年冬季奧運。
1985 年	日本被迫簽下「廣場協議」，從此日本經濟開始失落至今。

「廣場協議」的主因及影響：

（1）二戰後美軍占領日本，日本在美國的扶持下，社會穩定、工業快速恢復。四十年後日本又成世界科技及經濟強國，工業產品外銷全球，外匯（美金）存底世界第一，開始大量收購美國資產、併購美國高科技公司。美國當然不容此趨勢繼續發展。

（2）85 年 9 月 22 日，美國邀西德、英國、法國及日本在紐約廣場飯店開會並達成「廣場協議」。此後，日圓迅速升值，匯率從 1 美元兌 240 日元左右上升到一年後的 1 美元兌 120 日元。

（3）1980 年代前五年是日本半導體晶片企業的最輝煌時刻。1986 年 9 月，美國要日本簽下《美日半導體協議》，並對日本出口的晶片徵收 100% 懲罰性關稅。日本半導體晶片產業從此一路跌跌不休。

（4）反之，日本原有的半導體技術及市場，在美國的允許和支持下，轉移給了韓國的三星和台灣的台積電。

註：1985 年到 1990 年間，美國亦逼迫台幣升值，匯率由 1 比 40，升到 1 比 25，造成台灣產業，除半導體外，幾乎全面外移，包含筆電等核心產業。

1986 年	由施明德、呂秀蓮、費希平、江鵬堅、林正杰、陳菊、黃信介、林義雄等人成立民主進步黨。 *此前的 30 多年，年平均經濟成長率逾9%，破世界紀錄，成為亞洲四小龍之首，但此後經濟成長即持續滑落。
1987 年	蔣經國宣布解除戒嚴、開放黨禁、開放大陸探親、放鬆外匯管制。台灣政治全面走向民主、自由。但為選舉，自此政治鬥爭、撕裂族群、私心自用、政治失能、經濟下滑，已成常態。 政府輔導在新竹科學園區成立台灣第一家晶圓代工廠「台積電」
1988 年	蔣經國逝世，蔣經國一生之精華與貢獻均付出在台灣。 李登輝繼任中華民國總統。

1990 年	李登輝當選中華民國總統（由國大代表選出）。
1991 年	終止動員戡亂時期。 12 月 25 日，蘇聯因經濟困局，在美國誘以經濟援助及鼓勵施行民主制度下，蘇聯總統戈巴契夫辭職並宣布蘇聯停止存在，原本 15 個組成國也恢復了主權地位。蘇聯解體只剩俄國。美國也在蘇聯解體後成為世界上唯一的超級大國。
1992 年	因立委及國大代表老齡化，立法委員在台全面改選（大陸地區在台灣不再有立委及國代）。 兩岸經海基會與海協會在香港展開會談，產生了後來的「九二共識」，即兩岸均認同世界上只有一個中國，而中國的定義則各自表述。 大陸鄧小平決定「改革開放」，經濟開始起飛。
1993 年	辜振甫、汪道涵分別代表國民黨及共產黨於新加坡展開第一次會談。 郁慕明、李勝峰、王建煊等人因反對李登輝，脫離國民黨成立新黨。 原由歐洲六國組成的「歐洲經濟共同體」轉變成由 27 國組成的歐洲聯盟，簡稱歐盟。
1995 年	李登輝以總統身分訪美。
1996 年	台海飛彈危機。（事先李登輝經謀報人員處得知，中共並非真正攻擊台灣，且所射飛彈亦非實彈）。 台、澎、金、馬地區首次公民直選，李登輝、連戰當選正、副總統。
1997 年	民進黨首次贏得多數縣市長之選舉。
1998 年	廢省－台灣省政府虛級化。去中國化正式開始。
1999 年	李登輝提出兩國論。 9 月 21 日中部發生 7.7 級大地震，傷 11300 人、亡 2444 人，經濟損失逾新台幣 3,650 億元。 *1986 ~ 1999 年間，台灣年平均經濟成長率已降為 7.1%。

2000 年	民進黨陳水扁、呂秀蓮當選正副總統。 核四停建、教改開始、修改課綱、普設大學、專業職校凋萎。 李登輝辭黨主席、脫離國民黨。30 年前他加入國民黨時，其內心就是為了要裂解國民黨、將台灣帶向反中、親日及獨立。 宋楚瑜脫離國民黨成立親民黨。
2001 年	小三通啟航，小三通原為陸委會之蔡英文為阻延大三通－通航、通商、通郵，提出之緩兵之計，未料，日後小三通卻產生了實質效果及影響。 美國紐約發生 911 事件－世貿中心兩棟大樓遭飛機恐攻而倒毀。造成 2,749 人在這次襲擊中死亡或失蹤。美國發動反恐戰爭入侵阿富汗。全球反恐及恐怖攻擊至今未停。
2002 年	陳水扁倡議兩岸一邊一國。
2003 年	兩岸春節包機首次通航。
2004 年	總統選舉前夕發生槍擊事件，陳水扁、呂秀蓮因槍傷以微弱多數當選連任。
2005 年	中共通過反分裂國家法。 馬英九當選國民黨主席。
2006 年	陳水扁及妻吳淑珍貪污（其事證由美國及瑞士提供）。 ＊八年來，台灣年平均經濟成長率降為 4.9%。此後 10 年，每下愈況，平均成長率約為 2.7% 右右。反之，八年來，中國大陸經濟起飛，年平均成長率在 10% 以上。
2008 年	馬英九、蕭萬長當選正、副總統。 民進黨主席改選為蔡英文。 台、日釣魚島爭議升高（釣魚島原屬台灣省宜蘭縣行政區），後來已由中共出面保釣魚島。 開始兩岸周末包機、開放大陸居民赴台旅遊。
2010 年	兩岸簽經濟合作架構協議。 台北縣、桃園縣、台南縣市、高雄縣市、台中縣市升格為院轄市。 12 月 2 日，陳水扁因被判貪污入獄。

2012 年	馬英九總統連選連任，吳敦義任副總統。
2013 年	兩岸班機開始直航。
2014 年	民進黨為阻擋兩岸簽署〈服貿協議〉，爆發「太陽花事件」。反核聲浪再起。高雄市發生氣爆事件。 11 月 29 日，全國縣市長大選，民進黨大勝，贏 14 席（含白色力量的柯文哲當選台北市市長），國民黨只得 8 席。
2016 年	民進黨蔡英文當選中華民國第一位女性總統，副總統為陳建仁。 蔡英文宣布兩岸維持現狀，但不承認「九二共識」。 * 台灣年平均經濟成長率再降為 1.2%，中國大陸亦降為 6.9%。
2017 年	民進黨全面執政（立委及地方縣市長均為絕對多數）。 因蔡英文及民進黨否定九二共識，致兩岸交流及觀光趨向靜止。 由台灣轉移至大陸之經商、工作及求學人數已超過 200 萬人。
2018 年	因中國大陸綜合國力上升，威脅到美國之霸權，於三月爆發了中美經貿大戰。 因民進黨「敵視中國」，兩岸關係由停滯漸形對立。執政之民進黨掌控政權及金權。 於 11 月 24 日，縣市長及議員大選中民進黨大敗，全國 22 縣市， 國民黨以韓國瑜為首奪回高雄市長等共 15 席，民進黨僅剩 6 席。
2019 年	香港因修訂《逃犯引渡條例》引發大型「反送中」遊行及暴動。 中美經貿戰升級擴大成軍事、工業、科技、經濟、外交大戰。 中國嫦娥四號實現人類首次月球背面軟著陸。 中華民國立法院三讀通過同性婚姻專法，成為亞洲第一個同性婚姻合法化國家。 12 月 31 日大陸宣布—發現不明原因之感染性肺炎（其後國際定名為「新冠肺炎」即 COVID-19）由武漢市華南海鮮市場爆發。

| 2020 年 | 1月2日，台灣空軍發生直升機墜毀事故—在宜蘭縣山區，機上參謀總長沈一鳴中將等八位國防要人全部罹難。
1月11日，台灣舉行中華民國第15屆總統副總統暨第十屆立法委員選舉，民主進步黨的蔡英文及賴清德以壓倒性票數擊敗中國國民黨的韓國瑜及張善政，成功連任中華民國總統。而民進黨也在立法院取得過半席次。
1月15日，中國與美國總統簽署第一階段貿易協定，讓長達18個月的美中貿易爭端暫時告一段落。但中美間之軍事、工業、科技、經濟、外交大戰反愈演愈烈。
1月23日，中國湖北武漢因新冠病毒擴散而開始封城，病情在二月最高達5、6萬人被感染，4、5仟人死亡，後在全國強制治療管控下，約兩個半月即控制住了疫情，全國全年總確診人數約10萬人，死亡人數約5仟人。台灣亦管控良好，全年總確診人數不到800人，死亡人數少於10人。但歐美各國在2、3月後陸續爆發，雖有管制却失控，到12月底全球總確診人數約8,300萬人，死亡亦逾180萬人，尤以美國為最—確診近2,000萬人，死亡超過34萬人。聖誕節前英國發現COVID-19之變種，傳播更速，倫敦緊急封城，造成約30萬人大逃離。所幸，已有疫苗開發出來並開始施打，但效果是否良好尚未確定。
6月6日，高雄市市長韓國瑜因上任不滿一年而參選總統，引發市民不滿而被罷免，成為中華民國選舉史上首位被罷免成功的一級行政區首長。
8月28日，台灣蔡英文政府以行政命令，宣布全面開放含萊克多巴胺之美豬、美牛進口。民進黨並於12月24日在立法院以人數優勢通過，次年1月1日生效。
9月21日，因台灣聯美反中之勢趨強，中共公開表示，「台灣海峽不存在所謂的海峽中線」，軍機、軍艦繞航台灣附近漸頻。
11月3日，美國總統選舉，民主黨拜登以306票勝過共和黨川普的232票當選美國第46任總統。但川普一直不認輸。
11月15日，中國與日本、韓國及東亞等15國正式簽署—區域全面經濟夥伴關係協定（RCEP）。這是世界上人口 |

數量最多的自貿區，亦是全球規模最大的自由貿易協定。
12 月 12 日，台灣國家通訊傳播委員會（NCC）召開中天新聞台換照審查案，否決了中天新聞台換照，故零時起中天新聞台被停播，轉往 YouTube 上直播經營。
12 月 14 日，英國發現新冠病毒的新變種，傳播速度更快。
12 月 17 日，中國「嫦娥五號」飛船攜月球表面土石樣本成功返回地球。
12 月 25 日，英國正式脫離歐盟。
12 月 30 日，中國國家主席習近平通過視頻連線和歐盟領導人及德國總理默克爾、法國總統馬克龍舉行會晤，共同宣布完成了中歐投資協定的談判。

【感觸與認知】

時間太久，世事繁多，我僅能以台灣為中心，將相關之事摘要編列。寫完本章後，感觸特多。

一、早在 150 年前，西方列強及日本即欲分解中國成七個部分（西藏、新疆、蒙古、東北、華北、華南、臺灣），時至今日這仍是他們的夢想和致力的方向。然因各國忙於第一、二次世界大戰，美國又致力於韓戰、越戰、中東戰爭、壓制日本、列解蘇聯等大事，而蔑視了中國，讓中國自伐內戰、並有了一統、喘息、自療和成長的機會，如今中國（指大陸的中華人民共和國）之綜合國力雖仍與美國還有很大差距，但已是僅次於美國的第二強權，而且還在繼續成長。想再裂解中國已非易事。

二、從中國數千年歷史來看，中華民族（以漢族為主）是一個文明、和平非外侵性的民族。茲舉二例為證：

1. 萬里長城是古代（14 世紀）中國為抵禦不同時期北方遊牧民族的侵襲，花費大量人力物力修築的大規模隔離牆或軍事工程的統稱，因長達萬里，故名。是防禦性而非侵略性之建物。

2. 鄭和下西洋是指中國在明代（1405 年至 1433 年）鄭和七次率領二百四十多艘船、二萬七千四百名船員的龐大船隊，航越了東南亞，和平拜訪了三十餘個西太平洋和印度洋的國家和地區，未侵占一島、一國。這比哥倫布發現美洲大陸早了八十年。

三、綜觀中國數千年歷史，內戰、分裂、外侵、統一不知幾凡，如以漢族為中心，這個國家或民族是「被打大」的。最早漢人是在黃河及長江的中下游流域生活及建國，隨著時間的前進，周邊其他民族漸漸侵入，經過無數次的戰爭和融合，族群增加了、生活同化了、版圖也變大了。最具代表性的如蒙古族入主中原建立元朝、滿族入關建立清朝，至今依中國統計，在大陸上共有漢、滿、蒙、回、藏、苗等 57 個民族。

四、西方人（泛指白人）普遍有持強凌弱和蔑視他族的霸權優越，而東方人（泛指華人）則存有委曲求全的含蓄自傲，但這種「含蓄自傲」的民族性，經西方列強近 180 年的撕裂、摧殘，民族自尊被霸凌到幾乎喪失殆盡。隨著中國近幾十年的現代化，已轉趨富強，相信中華民族在不久的將來必重拾失去的自尊和驕傲。

五、法國大革命的口號是「自由、平等、博愛」，我認為在次序上嚴重誤置，應該是「博愛、平等、自由」，因為有了「博愛」才會「平等」，有了「平等」才可以「自由」。這點德國總理梅克爾及法國總統馬克龍似已覺悟，二人在今（2020）年聖誕節前後均含淚對其全國民眾演講—因 COVID-19 捲土重來及疫苗分配，呼籲全民能發揮愛心、考慮老年及弱勢族群而約束自己的自由。

六、「民主」絕不是萬能，治病可以用「民主」嗎？傳道、授業可以用「民主」嗎？治國比治病、傳道、授業更專業和複雜，豈能乏用「民主」？「民主」只有在對「待決主題」的認知和道德水平具同等級的族群中採行。政治上的「民主」易變質為民粹，競選會變成搶票，選票又常會被資本家、黨派和政客用不正當的手段騙取而失選舉的代表性及公正性，造成對社會和國家的分裂和傷害。最近在許多實行民主的國家已顯現其害。

七、我們是生活在「弱肉強食」的世界中，國與國之間亦然。國欲維持其強，首要爭奪人才、發展科技、建立強軍、掌握資源、運用經濟、控制媒體，其手段端視民族性而採各種預謀的方法，包括文明或不文明的誘、騙、買、偷、搶、賴等。目前許多強權和政黨，正拉幫結派，假人權、民主、自由之名行栽贓、抹黑、造假和網路霸凌之實。其目的就是要製造別的國家或地區的矛盾及分裂。

八、世界上沒有任何政府或政黨其成立之宗旨是要為害
　　國家或殘殺人民的。但在掌權和控制人民後，為達
　　其改革、創新及成功之目標，在過程中常有犧牲和
　　苦痛，如同醫生為救病人生命不得不為之「切肉截
　　肢」，產婦的陣痛雖免，但求健康的孩子能平安誕
　　生。反之，政府或政黨在執政後，為謀私利而攬權
　　貪腐、胡作非為，則其民苦矣！其國危矣！

九、大陸上的中國雖仍是共產黨專政，但七十多年來，
　　在性質上多次蛻變，自 1978 年鄧小平推動改革開放
　　起，已不再是當初死抱共產主義的共產黨，清算、
　　鬥爭、三反、四反、土改、勞改已成過去，人民公
　　社、吃大鍋飯和控制物質和自由的糧票、路條亦不
　　復存在，引發文化大革命之罪魁禍首伏法，教育正
　　在普及，文化正在復興。近三十年來鼓勵私有資本、
　　振興工商、強化基建、促進外銷、追求科技，正發
　　展出符合中國國情的社會資本主義和制度，加上國
　　防現代化、外交靈活化，中國已躋身世界強國之列。
　　如今以「共產黨」之名治理下的中國正傾力謀求全
　　民幸福及民族的復興。反之，在台灣頂著「中華民
　　國」的政府卻早已不是國父創立的中華民國。

十、現在，再以中國人民沒民主、自由、人權挑戰或離間其
　　人民與政府之關係已毫無意義和作用。因為，美國
　　哈佛大學（肯尼迪政府治理學院）於 2020 年 7 月 8
　　日發布最新的中國民意長期調查研究報告－自 2003
　　年至 2016 年，八次民調結果顯示中國人民對中共

政府的滿意度逐年升高，在最後一次調查滿意度已達 93.1%。人均所得也由 2000 年 940 美元提升到 2019 年的 10,410 美元。出國觀光旅遊人數亦逐年增加，在 2019 年已超過 1 億 2000 萬人（他們都歡喜的出門，高興的返國回家）。

十一、西方國家（如美國）最常假「人權」之名干涉別國內政，但卻從不自省自己國內之人權—如常遭霸凌及殺害的黑人、無錢看病的窮人、數十萬因政府不作為及誤導而死亡的新冠肺炎病人。曾有記者問美國代表：「你們強占別人土地、滅絕了印第安人，才有了今天的美國，請問美國主張人權的正當性在哪裡？」他回說：「那是歷史。」記者再道：「那麼別國也有別國的歷史，而且他們也正在創造他們自己的歷史！」

十二、因國、共兩黨內戰致台灣孤懸海外，形成省不省、國不國之局，影響和控制這個局面的當然是美國。這局面符合美國最大利益，不但可以鉗制中國大陸（以華制華），還可以吸收利用台灣人才和資源，不用美國預算，反可高利售台武器，賺取大量外匯。美國當然希望一直保持現狀，直到他們不再需要台灣或失去控台的優勢。

十三、早期「台獨」確有其形成的背景和原因，但在經過五十幾年國內融合及國際局勢的變化後，「台獨」已失其推動的理由，局勢上亦不可能，如有可能，民進黨兩度執政，早就提出和施行了。美國堅不支

持「台獨」的道理很簡單─因為支持「台獨」不會
比保持現狀對美國更有利，搞不好還要付出慘痛代
價，美國當然盤算過。

十四、數十年來我從未見過一篇學術性、有條理論述「台
　　　獨」有利於台灣子孫長遠發展的文章或報告。依下
　　　列各項統計數字觀之，政客為「台獨」而採行抗中、
　　　仇中的政策和方向顯然荒謬：

1. 台灣財政部的統計，2020 年 1 至 11 月台灣對大陸
貿易總額為 1,951.5 億美元（中國海關統計含港澳
為 2,356.9 億美元），較去年同期增長 12.9%，占
台灣出口總額的 43.8%，其中出口 1,367.4 億美元
（中國海關統計含港澳為 1,817.1 億美元），順差為
583.8 億美元（中國海關統計含港澳，台灣的順差
為 1,277.3 億美元），創近十年新高，此趨勢還會繼
續上升。

2. 因美中貿易摩擦，台美關係升溫，台財政部公布
2019 年台美貿易金額上升達 810 億美元，占台灣總
貿易額達 14%，對美出口金額為 462.69 億美元，
對美進口金額為 348.16 億美元，順差為 114.23 億美
元。還不到台灣從中國所獲順差的十分之一。

3. 台灣主計總處公布 2018 年因美中貿易戰，國人赴
大陸工作人數下降 至 40.4 萬人，但加計眷屬、台
商、短期工作者及學生，經常居住於大陸之台灣人
數仍維持在 200 萬人左右。

4. 台灣人才西進目前出現六大趨勢：（1）年輕化、
23% 畢業新鮮人登陸（2）辭職而西進求職者增加
（3）台灣精英大舉西進（4）資優台生赴陸卡位求

學熱（5）文創與互聯網人才西進變多（6）不執著北、上、廣、深等一線城市，願往二線或新一線城市發展者增加。

5. 自 2017 年～ 2020 年，連續四年，台灣向美國購買各式軍火武器共逾 183 億美元（約等於 5,500 萬台幣），從買得武器及價格論，像似在滿足美國的軍火商。台灣真想「自費自衛」，還是想幫助美國「圍堵中國」，要在台灣打一場「不對稱的戰爭」？

6. 如今，和台灣一水之隔的大陸，其綜合國力已是全球第二，台灣在經貿上每年從大陸賺取逾 1200 萬美元，是台灣主要的外匯來源。然而，在政治上沒有交流，在意識上要反中，在軍事上搞敵對。暫且不談「本是同根生」，兩岸這種關係和態度，是不是一種病態或變態？對台灣人民和後代子孫有利嗎？還能繼續維持多久？實應深思！

7. 近日新聞報導－廈門航空公司招聘台籍空服員，結果有 4000 餘人報名，錄取了 160 人，平均年齡不到 24 歲。

十五、一個人的國籍是可以變更的，只要你願意且經合法程序，你可選擇做美國人、加拿大人、中國人或日本人。但你的民族屬性卻永遠隨著你是甩不掉的。從你的外型、姓氏、文化、生活方式及思想等，就可以認定你是哪個民族。這是你祖宗傳給你的，你將隨著這個民族的興、衰而感到自傲或自卑。法律可以寫「各民族應一律平等」，但現實是「民族間永沒有認同」。

第十一章
憶先輩德政

1971 年台北市仁愛路與敦化南路圓環

造就台灣政、經、社會發展和起飛的政策和措施實在太多，例如新台幣發行、土地改革、財稅政策、教育普及、發展工業、加工區出口、十大建設、推行民主、發展科技、交通建設及全民健保等，不勝枚舉，這些政策均影響深遠且都是在 1949 年至 1990 年間規劃制訂。在那個年代規劃推動這些有遠見的政策是艱難的、可貴的，不但財務困難而且還要有能吃苦又清廉的人才，政府也真下決心找錢找人、排除萬難推動。如今我們在享受先輩留下德政之同時，可有心存懷念和感激。特簡述以下數例以喚回讀者記憶：

土地改革

1949 至 1954 年間，政府在臺實施了一項重要改革 – 土地改革。自古以來，地主與佃農間之矛盾就是社會最大的問題之一，不知引起過多少次的「革命」或「造反」。中共能快速席捲大陸，也是抓住了這個矛盾，喊出了農民翻身、打倒地主的口號，畢竟地主相對於佃農是極少數，且早已被列入了「剝削農民」的階級。中共在控制大陸後，立即採取非常激烈的手段，沒收了全部土地（歸國有），再分配給人民耕作或利用。

國民政府遷臺時，臺灣也面臨同樣的問題，當時土地都掌握在少數家族手中，長年辛苦耕作的貧窮佃農，多達數十萬人。這些佃農將土地耕作所得，大部分繳交給土地所有人，佃農和地主間的矛盾，未來一定會造成臺灣社會的不安和動盪。為避免重蹈大陸的覆轍，政府痛定思痛，將「土地改革」列為最優先施政目標。

土地改革的實施，可分為三方面，分別是三七五減租、公地放領、耕者有其田。三七五減租，是指地主向佃農收取的租金不可超過

農穫的 1000 分之 375；公地放領，則是指將日本占領臺灣時代的公有農地，分割成適當大小，交給願意耕作的農民去耕耘；至於耕者有其田，是政府以臺泥、臺紙、工礦、農林及銀行的官股，向擁有大面積土地的地主交換，將所換得的土地再分配給佃農耕作。以上三個政策，對於安定農村、提升產能、增加農耕意願，皆有顯著效果。此後年年豐收，除了不再缺糧，農產品還可大量外銷，奠定了臺灣經濟起飛的堅實基礎，同時這也是造成臺灣小農制的由來。

土地改革，是一個有利於國家安定發展的重要關鍵，也達到耕者有其田的目的。但土地改革的實施，後來也產生了長遠的副作用及後遺症。部分大地主在分得股票後，真正投入了企業經營，也成績斐然，如臺泥、臺紙和華南銀行等。不過也有部分地主在分得股票後，不以為然，輕易地拋售了，認為政府連騙帶搶地把家傳土地轉給了佃農，因而種下了仇視國民政府的潛因。至於當時取得土地的新地主，在務農二、三十年後，由於臺灣經濟起飛，社會結構改變，到了第二、第三代，他們未必願意再耕種，加上土地價值飆漲，尤其靠近都市的土地，漲勢更是驚人，這些地主搖身一變，成了頗有身價的土地新貴。如今政府為了都市擴張及公共交通等建設，需要徵購土地時，這些新富豪卻擁地抗爭，成為都市發展的絆腳石，這是 70 年前，政府實施這項德政時，所始料未及的事。相對地，當初那數十萬新地主的後代，自然地繼承了先輩留下的土地和資產，但沒人告訴他們：他們家的土地是 70 年前，因政府推行土地改革而取得。

台北的道路

很多人都不知道擔任台北市市長最久的人是誰，他就是高玉樹，曾三任，共十一年 (1954 年 ~1957 年及 1964 年 ~1972 年) 。他是台北市人，畢業於台北工業學校（台北工專前身），後留學日本（早稻田大學電機科畢業）。在那戒嚴時期，他是非國民黨籍本省政治人物中最耀眼的明星，他不畏權貴，大刀闊斧，為政壇所罕見。幾乎台北市現有的林蔭大道均出自他的規畫、命名及建設，當時有「開路市長」之稱。

在我二十幾歲到三十歲間，台北市就是一個天天都在開路的城市，報紙、電台和民間討論得最多的新聞和流言都圍繞著台北市的開路和徵地的問題，指高市長和他周邊的人好像就是在不斷的炒地皮、包工程，市議會和立法院也都爭議不斷，後來一直鬧到總統府，老蔣總統只好交待時任國民黨中常委的蔣經國去徹底了解和處理。於是蔣經國約談了高玉樹市長。

高市長在接到約談通知後，認真準備，攜帶了相關統計數字、都市計畫發展圖表等赴約。見面時，蔣經國先生嚴肅地說明北市開路問題，已經引起市民的非議和政壇的困擾，希望他能告知真相和做法。高市長不慌不忙地就他帶來的資料做簡報，其重點略為：

1、日本時代規劃的台北市是以東、南、西、北門為範圍，估計容納五十萬人，日本投降撤退後，台北市還有約三十五萬人；一九四九年國民政府突然帶來四十萬人，現在台北市已超過八十萬人，預估二、三十年後一定會超過二百萬人，故台北市必需重做擴大的都市計畫，現在不著手，將來一定會來不及和後悔的。

2、台北市四面環山,西圍淡水河,只有向東發展,故瑠公圳(現
　　為新生南、北路)以東現有農田必須全部開發變成都市用地,
　　新的都市計畫已完成且獲市議會通過,正陸續分批徵地、發
　　包、施工及做細部規劃和配建管線等公共設施。

3、徵地、發包、施工的過程是最困難的階段,也最易引發是非、
　　貪污和官商勾結之事。雖已盡力防止和嚴查貪腐,仍難堵貪
　　瀆之事發生。但又不能因有違法事件而停止都市計畫擴建工
　　作,市府做起來相當辛苦吃力,如果可以,最好請中央(行
　　政院)來接手執行這台北市的擴建工作。

蔣經國再問道:聽說你將火車站前的「中正路」都改名字了。
高市長指著新的台北市都市計畫圖解釋:
我們新開由西向東的道路共有八條,由北向南分別命名為民族、
民權、民生,保留南京東、西路,然後是忠孝、仁愛、信義、和平。
其中忠孝東路拉直後正好接上火車站前的中正路,於是中正路一
段就要改為忠孝西路一段,中正路二段以後雖可保留,但當所有
新道路完成後,中正路二段以後就會顯得老舊而狹窄,實不宜再
以「中正」名之,故改中正路為八德路。而且士林區已有一條中
正路,總統府前還有介壽路(後來,在陳水扁任台北市長時改為
凱達格蘭大道)。

蔣經國又問:那南北方向道路怎麼安排?
高市長指著地圖回說:從新生南、北路起,南北方向會開出建國、
復興、敦化、光復、三民等路,應足夠了。

在那個仍屬艱困的時代,蔣經國聽完高市長簡報後,亦不得不暗
中佩服高玉樹的遠見、勇氣和魄力。於是告訴高市長:你做得好,

繼續認真去執行，不需要有任何顧慮，如有困難可隨時告訴我。此後數年台北市東區塵土滾滾、處處開路、綠田漸少，建物伴著道路快速成長。

就在高市長四年任期即將屆滿時，政府決定將台北市改制為院轄市。依當時法規，院轄市市長係由行政院指派，無需民選。一時民間議論紛紛，認為此乃國民黨欲阻斷高玉樹競選連任之惡計。不久，報紙突然登出 行政院指派高玉樹出任台北市改制為院轄市後之第一任市長。原來蔣經國（時任行政院院長）藉「台北市還有好幾條道路尚未完成」，延請高玉樹繼任市長。高市長亦未負所望，繼續開闢及完成了羅斯福路及敦化南路與仁愛路圓環等工程。

1972 年 6 月，高市長四年任期屆滿，當時首條高速公路正在施工，未來十大建設中又有五項為交通建設，蔣經國欲藉重高玉樹之專業與經驗，特延攬他入閣擔任交通部長。四年後專任行政院政務委員，其後任總統府資政十二年，九十一歲逝世。

台塑企業

台灣在 1950 年代初期，行政院經濟安全委員會（簡稱經委會，主任委員是尹仲容先生）為長期發展台灣工商業，確定塑膠工業將是未來重中之重，故首應建立塑膠原料（PVC）工廠，否則台灣塑膠原料將長期被國外控制，但成立塑膠原料工廠不容易，需極大的資金和專業人才。於是經委會透過銀行系統洽談、遊說當時多位企業家和金主，希望他們來投資塑化原料工廠，惜均以「規模太大、外行」和對政府的信心不足而紛紛婉拒。就在此時，台灣銀行，發現在嘉義有位米商，存款超過 800 萬新台幣，並告知

經委會的尹仲容主委，尹主委立即派人前往接洽，希望他來投資，這位米商就是王永慶先生。

王永慶在台灣光復後，除開他的米店外，已開始經營木材和磚窯事業。在聽過經委會專員簡報及獲得尹主委承諾，會在資金及技術上給予協助，亦保證全國各塑膠製品工廠會優先採用台灣工廠生產的 PVC 原料後，又去參觀、考察了日本的 PVC 廠。1954 年他與他的生意夥伴趙廷箴商量後，決定投入此計畫，政府也從美援款中撥貸 79.8 萬美元給他，後來何傳與何義兄弟（永豐餘集團之創辦人）也投資入股，同年 11 月在高雄市成立福懋塑膠公司，興建工廠。三年後，工廠竣工開始生產 PVC 原料，公司更名為台灣塑膠公司。

此後年年賺錢，然而經營之神（王永慶先生）利用賺得之資金不斷擴張，投資再投資，公司一家一家地開，十年間陸續成立了南亞塑膠、台化纖維、新東塑膠製品、台塑汽車貨運、明志工專等十餘家企業和機構。1968 年在台北敦化北路成立總管理處，除精緻管理，更有計畫地在海內外尋求商機再投資，此時台塑已是國內首屈一指的大企業，王永慶也成了台灣的首富。

今日（2020 年），台塑集團之產業已跨足塑膠、煉油、石化纖維、紡織、電子、能源、煉鋼、運輸、機械、醫療、教育、生物科技等，有逾百個關係企業，直接聘用國內員工約十二萬人，集團年營業額達新台幣二兆四仟億元（約為美金八百三十億元）。仍是台灣經濟和民生最重要企業之一。

台積電

1974 年，台灣行政院秘書長費驊與經濟部長孫運璿、交通部長高玉樹、電信總局局長方賢齊、工研院院長王兆振與電信研究所所長康寶煌等官員，討論如何促進台灣經濟轉型，從紡織業轉而發展電子業，在輔導台灣產業成功轉型到紡織及塑化工業後，未雨綢繆，為台灣未來再研訂產業應發展之方向，最後決定在政府主導下發展積體電路及半導體產業，由經濟部在工研院下設立「電子工業研究發展中心」，後轉型為「電子所」，開啟了台灣積體電路的生產事業。雖能生產優質產品，但對銷售外行，且對資金需求也越來越高，於是決定將示範工廠從工研院切割出去，在 1980 年成立了聯華電子（聯電）。

聯電的主要業務有二：一為傳統的積體電路的設計、生產與銷售，二為晶圓代工業務。聯電雖是由政府催生，本應國營，但時任行政院長的孫運璿力主民營，希望在台幣 3 億 6000 萬元的資本額中，民間資本能夠超過 51%。不過募資的過程並不順利，多數的台灣民間企業家認為風險過大而不願參與，最後是在國民黨黨營事業光華投資與中華開發的協助下，勉強達成民營的目標。

1985 年政府邀請時任美國德州儀器公司半導體部總經理張忠謀，返台接任工研院院長並兼聯電董事長。1987 年聯電決定將晶圓代工業務，分出來在新竹科學園區成立台積電公司，並由張忠謀擔任董事長。台積電所需資金極為龐大，新任行政院長俞國華仍希望其民間持股能夠至少有 51%，以確保台積電成為民營公司，但同樣因為台灣企業家缺乏信心而募資不順，最後只得尋求外資合作，由行政院開發基金投資 48.3%，荷蘭飛利浦公司投資 27.5%，本地民間資本僅佔 24.2%。

＊註：張忠謀為美籍華人，1931 年生於浙江，1949 年赴美。最初政府決定發展積體電路及半導體產業時，並沒有適當的人來領導及主持本項大計，當時政府物色人選的原則是──全球華人在此領域最權威及職位最高的專家，故時任美國德州儀器公司半導體部的總經理張忠謀，才會在 1985 年被孫運璿延聘返台。

而台積電營運之初亦頗艱困，靠張忠謀找來英特爾的總經理 Andrew Grove 來台灣考察並下了訂單解困。這筆訂單對台積電意義非凡，因為透過英特爾繁瑣的要求與認證後，台積電得以在國際上獲得信賴，開始高速成長。台積電的成功，也要歸功於政府放手讓張忠謀等經理人擁有完全的自主去管理公司。

目前，台積電公司已經是全世界最大的電晶體和晶片製造服務公司，與英特爾、三星在全球鼎足而立，客戶遍布全球。生產的晶片廣泛地涵蓋電腦產品、通訊產品、消費性、工業用及標準類半導體等眾多電子產品應用領域，並被運用在各種終端市場，如行動裝置、高效能運算、車用電子與物聯網等。台積電及其子公司聘用員工總數逾五萬人，加上因台積電而生存的衛星公司，其人數已無法估計。

時至今日，台積電已是台灣經濟賴以維生的重要企業，我們在蒙利之際，可曾思及三、四十年前的主政者是如何高瞻遠矚、殫心竭力為人民及後代謀求生計與幸福！又今日當政者有為子孫謀否？

全民健保

因土地改革奠定了良好基礎，又推行工業化、設立加工出口區。

至 1985 年，台灣平均經濟成長率己連續二十年超過 10%，破世界紀錄，成為亞洲四小龍之首。

1985 年 5 月，行政院斟酌國家財政，當時俞國華院長陳報蔣經國總統核定，規劃在 2000 年要實施全民健保。1990 年郝柏村接任院長後，指示經建會盼全民健保能盡早實施。1993 年連戰繼任行政院院長，遵循原有規劃，要求衛生署提前實施，最後在 1995 年 3 月 1 日，台灣的「全民健康保險」正式實施。

全民健康保險實施之前，中央健康保險局籌備處，研究了世界各國的健康保險辦法與制度，最後認為加拿大的全民健保制度最佳，於是由當時的衛生署署長張博雅組成小組，率隊專程訪問加拿大進行考察，並攜回完整資料，作為建立台灣健保制度的基本架構。

籌備和建立全民健保的過程極為困難和艱辛，一方面，既要打破原有的公保、軍保、勞保、農保體系，另一方面，也要面對來自醫院和藥商既得利益團體的壓力；此外，上至國家財稅預算的調整，下至考慮醫師所得和人民的負擔，在在都是推動全民健保的困難。若不是政府以破釜沉舟的意志力，加上排除萬難的決心是絕對做不到的！君不見美國前總統歐巴馬，在他八年任期中，強力推行美國的全民健保，最後仍以失敗告終！假如美國已實施了全民健保，相信 2019 年的流感及 2020 年的新冠病毒，當不至造成美國數十萬人失去寶貴生命！

回顧過去 25 年來，國人已享受了台灣的優質健保制度，未來，我們在台灣的親友及子孫們，仍將繼續受到全民健保照顧，這是一種福氣！我們豈能忘却先輩們的付出與恩澤！

第十二章
新冠肺炎
COVID-19 的影響

2020 年是人類歷史上很不平凡的一年，發生了許多非比尋常的大事，故 2020 年必是影響世界未來發展的轉折年。

2020 年發生最重要的大事應是 COVID-19，這場突然降臨的新冠肺炎（COVID-19）快速地席捲全球，給人類世界帶來了嚴重的痛苦和損失。截至 2020 年底全球已有超過 8,300 萬人確診，超過 180 萬人死亡，趨勢仍在擴大。雖然疫苗即將問世，特效藥也可能被開發出來，但此次的疫情已根本性地改變了世界、影響了世界局勢和人類社會的面貌。有關 COVID-19 的學術論證、預防和治療已俯拾可得。願就我的了解及 COVID-19 對今後的影響，提出我的認知和看法。

嚴肅的防疫

2019 年 12 月底，中國在武漢發現一種新型病毒會引發嚴重肺炎，而這種肺炎一時尚無適當藥物治療且致死率頗高，更可怕的是其傳播速度極快又無影無形，只知隔離和人人戴口罩是最佳防止傳染的方法。在面對數以萬人的感染、數以千人的死亡，中國在 2020 年 1 月 23 日下令將有 1,100 萬人的武漢市「封城」。人民除生活必要外，瞬間失去了自由，這要有多大的勇氣、決心和魄力。當時慘遭外國人幸災樂禍的譏諷，各國無情的批判中國專制、無人權，中國承受了極大的壓力。當時許多人不知，中國在下令武漢封城之同時亦下令全國動員，上百上千上萬的醫護人員立即組成 94 支醫療團隊，從各省市飛奔武漢，數以萬噸計的生活、醫療物資運往武漢，基建及各類科技人員亦臨時調往武漢蓋醫院、加病床。在中央統一的安排和指揮下，耗時兩個半月，成功防堵了疫情的擴散，武漢解禁了。當然，民眾的服從與配合也是成功的主要因素。

後來世界衛生組織宣佈這種病毒引發的肺炎是威脅全人類的快速傳染疾病，並命名為 COVID-19。中國在經歷武漢封城防疫的經驗後，已學習並發展出一套標準防疫程序和方法，除醫學措施外，簡單說就是利用手機及大數據資料追蹤染病者的行跡，圍堵限制疫情擴散；保持社交距離，人人戴口罩，多用肥皂洗手，加強消毒；嚴防境外輸入（含人和物）。

台灣這次 COVID-19 之防疫工作也做得非常好，台灣的醫療水準和制度本來就很好，多年前因 SARS 已建立了一套標準的防疫程序，這套程序在這次就派上了用場。在得知大陸疫情及武漢封城後，立即停飛了來往大陸的班機，防止了疫情的傳入。同亦採行與大陸類似的程序和方法，尤其是「行政院資安通訊處」在這次防疫作戰中充分發揮了對手機及大數據之追蹤和管控功能。「行政院資安通訊處」即政府掌控人民資訊活動，含內容、聯絡人、時間、移動軌跡、流向和個資等之機構。

就在武漢封城之際，約 3 月中旬，COVID-19 快速在全球各國流傳並爆發，尤以義大利、西班牙、法國、德國、美國為最，感染及死亡人數直線攀升，遠遠超過了中國的感染和死亡人數。最特別的是歐美各國之感染源並不能證明來自中國，這期間國際之交往減少甚至斷航。後來歐美各國亦認同「封城」是防疫的必要手段而紛紛效仿中國的防疫方式，限制民眾聚集、保持社交距離、多用肥皂洗手和戴口罩等，但因為人民自由慣了、未配合政令、防疫物資不足、國與國之間只求自保，以致成效不彰。在 COVID-19 肆虐之際，各先進國家除表現自私自利地搶奪防疫物資外，完全看不見友愛互助和對人權的重視。

環保及科學界多人認為，COVID-19 的肆虐是因為人類過度消耗

地球資源，引發大自然反撲的結果。在未尋得醫治 COVID-19 方法前，疫苗效果還未明朗，為避免疫情擴散，基本上，只能追蹤傳染源、控制和切斷傳播途徑，其手段則是限制人們的聚集、保持社交距離、減少親友會面與接觸。於是，各種會議改為視訊會議、學校改為線上教學、工作者盡可能在家利用電腦、人們減少外出、飛機停飛或減班、餐廳停業或改外送、商店和工廠半歇業，人們的活動減少，結果是經濟嚴重衰退。

美國的忽視

最離譜的是美國，由於川普總統的誤導並自私的利用民粹，反科學、反醫學、不做為、不負責，任由各州自行防疫，將疫情政治化、工具化，造成全美防疫大亂。短短幾個月，疫情一發不可收拾，造成千萬人染疫，數十萬人死亡，成為全球因 COVID-19 受災害最嚴重的國家。這也讓川普以極小的差距敗給了民主黨的拜登，而失去了總統連任的機會。川普卻懊惱而非理性的以選舉有弊為由，拒不認輸，想盡辦法推翻選舉結果、製造人民的對立。徹底曝露美式民主掩蓋下的民粹主義，開啟了美國政治和社會的亂局。

川普在其任內舉著「美國第一」的大旗，對內挑起族群分裂，對外推行單邊主義，退出各種國際合作組織、與各國打貿易戰、全面挑釁及防堵中國的崛起，這不但破壞了美國與各國的關係，也降低了美國在世界的威權地位。新當選的拜登總統，要接下國內衰退的經濟、分裂的民心、泛濫的 COVID-19 疫情，還要面對國際局勢的變化，當非易事，且拭目以待。

COVID-19 最初大規模爆發地點在中國武漢，故一度被被稱為

「武漢肺炎」，在 2020 年 2 月 12 日 WHO（世衛組織）即依命名規則將「武漢肺炎」正名為 COVID-19（即 Corona Virus Diseas-2019 年之縮寫）。但歧視和仇視中國人的政府及政客仍故意續稱「武漢肺炎」，以滿足其影射中國人是不衛生的「東亞病夫」之心，甚者要求中國賠償。這完全是一種無理的傲慢及霸凌心態。因疾病之發生均為難料的自然現象，是人類的不幸，又病的爆發地並不一定是病毒的原生地，這是科學家應該去追蹤和研究的問題（後來醫學界已發現歐美許多與 COVID-19 相似的病人早存在於武漢爆發之前）。至於要求賠償更是荒謬，試問日本腦炎、德國麻疹、西班牙流感（源自美國）、愛滋病（在美國爆發）這些病可曾被要求過賠償？又在同年 12 月 19 日英國宣布發現大量變種且傳染力超強的 COVID-19 患者，結果被全球媒體稱為「英國變種病毒」，英國政府及其學者立即表示，在變種病毒前不得加上英國二字。正是「己所不欲何施於人」？

影響了經濟

在 COVID-19 肆虐全球之際，2020 年 4 月 8 日，武漢市已因疫情被控制住而全城解封了。全國也從武漢經驗得出一套全面檢測、詳密追蹤、快速隔離、小區封鎖、全國支援、快速撲滅的標準作業程序（簡稱 SOP）。在這套 SOP 的管控下，國內感染雖仍偶現，數量已大幅減少（但仍常有國外傳入者），於是大陸民眾的活動及工商業漸漸回復正常。依台灣綜合研究院 11 月中旬的統計和預估，受 COVID-19 之影響，2020 年全球經濟成長為負 4.2%，唯有因中國控制住了 COVID-19，經濟復甦，其成長由負轉為正 2.0%。如 2021 年疫苗能控制 COVID-19 的大流行，在中國經濟高度成長下，全球經濟將可望溫和成長。亞太 15 國及歐盟（27 國）有鑑於此，才會在 2020 年年終前，分別與中國談

妥 RCEP（區域全面經濟夥伴協定）及 CUCAL（中歐全面投資協定）。看來各國的觀察和認知都一樣。

根據聯合國的貿易發展會最新統計，2020 年，因受 COVID-19 之影響，全球 FDI (Foreign Direct Investment) 總體下降了 42%。但中國卻上升 4%，金額達到 1,630 億美元，取代美國成為全球最大外國資金直接投資 (FDI) 的接受國（美國的流入量則下降了 49%，計 1,340 億美元）。相信近兩年的中美貿易對抗戰亦是影響起落的另一主要因素。

天道輪迴，世局在變，各國都在為自己的國家謀福。台灣最重要的應是搞好經濟！所有的政策都應服務經濟，只要經濟好，就能保障台灣人民及後代子孫的平安與幸福！這次 COVID-19 的蔓延造成人類生活方式改變，經濟趨勢、國際間盛衰也在改變，盼望大家都能在這大變局中「隨波勵行」！

寫的分享

寫書並不是件簡單的事，我從未出過書，也沒發表過作品。當我寫完這本回憶性質的《隨波勵行》，才真正體會到寫作之不易。本書沒有主題、沒有劇情、不懸疑、不浪漫、更不能虛擬或創造，僅認真地寫出平凡生活中的紀要和心得。

曾接受朋友建議，請文字工作者來幫忙，由我口述，再由他們撰寫，但三次都失敗了，現在我知道原因：

· 跨越的年代太長，沒經歷過的人感受不到當時的實情和意義。

· 我從事的行業、工作和經歷較多變化，一般人難想像。

· 要求別人描寫自己的回憶、心情、思想和感觸，非常不易。

· 文字工作者都有其「為文之專長」，遇到我這樣的「雜燴」難處理。

整理照片也花了許多時間，看舊照片是很好的回憶，往事一幕幕在腦海翻騰，令人感嘆時光的飛逝和無情。我常拿著一張舊照陷入沉思，雖有些照得很好的親友合照或美美的觀光旅遊照片，但考慮到與本書內容無關而未選入書中。從前並不知今日會出書，故選入的相片常不夠清晰。

2020 年 10 月，寫完第九章時，我自己的故事已經寫完，但感受到現代人對與我們有關的近代史了解不多，對世事之前因後果常誤解和無知，故決定按照年代編寫我的「時代背景摘要」，除能幫助讀者知道書中故事之背景外，也想以「極短篇」的形式，重點列出 180 年的近代史，讓忙碌的現代人能在短時間內，概要地了解過往 180 年我們的大事。當然，這又是件「紙短情長」的難

事，寫不完的史實，道不盡的感傷，我只能盡力。本書所列事件都有名稱和年代，讀者如有興趣，均可在網路上找到相關史料，一探其詳。

在寫的過程中，也曾有親友善意提醒我－這年頭看書的人已越來越少，大家用電腦、手機上網，各種資訊、文章都看不完，沒人會要看你那冗長的「回憶錄」。何必寫得那麼辛苦，還是輕鬆養老吧！這些「提醒」確實讓我數度有停筆之念。但又常想，既來世間走了一遭，可以不帶走一片雲彩，却不甘真的「船過水無痕」。

記得蔣公（介石）有兩句勉勵年輕人的話：「生活之目的在增進人類全體之生活，生命之意義在創造宇宙繼起之生命」，這也是我們為人應遵守的義務和責任。回想八十年，我似已盡「增進全體生活」及「創造繼起生命」的義務和責任，但我仍有「生命」還在「生活」，我決定繼續「增進」、「創造」寫完這本《隨波勵行》，道出我的經驗和思想。

從 2019 年 7 月開始寫書，至 2020 年底，文字部份完成後，接著整理照片。感謝天主！祂意外地給了我機會－在寫和整理照片的過程中，讓我自然地回憶這生遇見的每一個人和他的交往。真是感恩！我沒有仇人、沒有恨！倒是所有我遇見的人或多或少都給了我啓示、幫助和友情，這是多麼大的恩惠！故在發行紙本書及電子書外，特印製 300 本「典藏版」致贈親友以表感謝和紀念。

編後語

發現美好

去年底，手邊還忙著收尾前一本書的後製，姚鈦先生忽從溫哥華 line 我通話，託我出版他的回憶錄。雖然姚大哥遠在加拿大，日夜不同於台灣，但我們工作的方式及溝通的節奏，竟如此熟悉及默契十足。

這本《隨波勵行》是我多年來最有效率的出版製作。每次姚大哥 mail 給我的文稿及照片，總是標示得清清楚楚的整編好了順序，活把主編的工作都到位表現了。因他求學時期及在事業上的能力養成，成就了他立體的思維、清晰的頭腦、創新的追求、嚴謹的統籌能力、落實自省與期許，所以自己寫自己的故事，自己編自己的書，就好像他對建築般的熟練。**我佩服！**

從第一章童年與成長整理到最後一章，中間有他的童年、求學、愛情、成家、工作、創業、失去摯愛、再娶愛妻、公益社團、述說對信仰和對國家對時事的看法。照理說，我心中的畫面，應像電影一幕一幕的往前跑，應像歲月如梭不住演變隨之定格，可是也不知何等的情懷，就算編輯到姚大哥到現在已八十高齡了，我卻仍念記著他年輕英挺的帥照。所以，不只他有懷念，連我也掉入懷念那些美好的流金歲月裡去了。**我享受！**

書中每一篇書頁，如同他明確的處事風格，在在都真實的呈現，尤其我喜歡他自己所命的書名～隨波勵行。如同他蓋過的許多大樓，都有個別緻或大方的名稱一樣。但這次他所建築的工程，用的不是水泥鋼條，而是滿滿回憶的文字大工程。他的人生正如他的書名一樣，順著上主所帶領的浪潮，用愛與勇氣砥礪向前，不畏風浪或驚濤。**我欣賞！**

更早，在 2019 年的 10 月，透過朋友介紹從加拿大回國的姚先生，我們約在國父紀念館附近的咖啡廳，商討如何出版他的回憶錄。他雖近八十，但精神依然炯炯、話說的頭頭是道、當時心中還關心著台灣總統大選......。基本上，他對出版非常有概念，也提到曾找寫手為他撰寫回憶錄，但最終還是自己下筆寫自己的回憶錄，言明再給他半年時間完成書稿，希望我能在 2020 年底幫他完成出版。沒料 2020 年初，遇到全球新冠病毒這場世紀大瘟疫，確實打亂又延誤了我們出書的行程。但他所信仰的上主，仍默默促成此事，成了這端台灣那邊加拿大兩地 line 來 line 去、mail 來又 mail 去的達成任務。**我感恩！**

特別一提此書特色之處，就是在每一章文末，作者分享出他對人生經歷的感觸與認知，這份用心原是要給後輩們少走些冤枉路的生命禮物，難得可貴。總之，此書得以順利出版，在乎作者對我的信任跟尊重。也發現異國出書，沒有想像中的困難，有志者事竟成嘛！願此書《隨波勵行》伴你遨遊四方，隨處自在。**我盼望！**

最後，我發現生命的美好，在隨波勵行裡，謝謝姚鈦大哥給我上了一堂生命課。在此祝福讀到此書的每一個人，發現美好、熱愛生命；更祝福姚大哥及他所有的家人，凡事興盛、身體健壯。**我禱告！**

典藏世家出版人
林舒庭 2021.2.25

作　　者：姚　鈦
編　　輯：王宇夫
製作統籌：林舒庭
美　　編：曾克明
印　　刷：全印通設計有限公司

出版單位：典藏世家創意文化有限公司
地　　址：新北市新店區行政街 17 巷 3 號 5 樓
電　　話：0930-192-468
E-mail：0320maylin@gmail.com
聯絡作者：yao3tai@gmail.com

代理經銷：白象文化事業有限公司
地　　址：台中市東區和平街 228 巷 44 號
電　　話：04-2220-8589

初版：2021 年 5 月
ISBN 978-986-93347-4-7
定價：NT$ 320